“姑苏教育人才”资助项目(RCZZ202231)

培智学校虚拟情境教学

郑 权 著

中国矿业大学出版社
· 徐州 ·

图书在版编目(CIP)数据

培智学校虚拟情境教学 / 郑权著. — 徐州 ：中国矿业大学出版社，2024. 6. — ISBN 978-7-5646-6282-0

Ⅰ. G76

中国国家版本馆 CIP 数据核字第 2024E5Y486 号

书　　名　培智学校虚拟情境教学
著　　者　郑　权
责任编辑　徐　玮
出版发行　中国矿业大学出版社有限责任公司
　　　　　　(江苏省徐州市解放南路　邮编 221008)
营销热线　(0516)83885370　83884103
出版服务　(0516)83884895　83884920
网　　址　http://www.cumtp.com　**E-mail**:cumtpvip@cumtp.com
印　　刷　江苏苏中印刷有限公司
开　　本　787 mm×1092 mm　1/16　**印张** 11.5　**字数** 183 千字
版次印次　2024 年 6 月第 1 版　2024 年 6 月第 1 次印刷
定　　价　46.00 元

前　言

“真实而富有意义的学习情境”是《义务教育课程方案（2022年版）》的重要概念，所谓真实情境是指具有真实性的情境，而非与现实世界一模一样的物理环境。近年来，随着人工智能与虚拟现实技术等新一代信息技术的不断发展，虚拟情境的创设成为一种新型的情境创设手段，拓展了传统情境教学的理论与实践场域。与传统的教育康复相比，虚拟情境良好的人机互动、情境再现与实时评价功能，让智障儿童实时获得感知与反馈，改变了传统教育康复的单向接受性、情境易逝性及评价延迟性的弊端，成为培智学校提升教学质量愿景下研究与实践的一个路向。

基于虚拟情境的研究与实践，是新一代信息技术在特殊教育中的创新应用，成为特殊教育课程与教学改革的“时代场域”。虚拟情境是全人教育理念下，实现智障儿童跨学科的综合教育与康复，促进信息技术从服务教育教学拓展到服务育人的标志。虚拟情境为智障儿童发展提供了媒体支持与内容支持，经由主体参与所构成的这一全新学习系统，为其学习及发展创造了与信息时代发展相契合的学习场。

虚拟情境是技术发展的历史性成就，将这一全新的手段运用于教育领域，或者教育领域主动拥抱和恰当运用这一技术成就，必定会带来教育面貌的划时代革新。但是必须意识到，虚拟情境下的学习理论研究及实践探索刚刚起步，还很不完善，成果也不多。特别是在特殊教育领域，至少还有以下三个方面的问题亟待破解：第一，培智学校虚拟情境课程开发的依据是什么？相应的模式有哪些？第二，培智学校虚拟情境教学干预设计与实施的可能途径有哪些？第三，培智学校虚拟情境教学干预的循证与评鉴方式应该是怎样的？何以证明它的适切和有效？针对以上问题，本书依循理论研究与实践探索并重的路径考量，在基于文献梳理分析掌握本领域的研究进展、技术发展、典型案例等基础上，运用设计研究法进行虚拟情境课程设计、教学设计、实验设计，并对设计开发的实践策略与案例进行循证实践，以求不断完善；针对智障儿童的个性特征，利用实验法对虚拟情境的干预效果进行综合评鉴。本研究力求在课程与教学基本原理指导下，通过教育技术实现创新研究与实践。

本书的基本线索大致可以概括为以下几点。

第一，培智学校虚拟情境课程设计。这部分的研究与实践主要体现在课程目标、课程理念、课程要素、课程组织四个要点上。在课程目标方面，立足智障儿童的身心发展，以“医教结合”为策略，兼顾教育与康复，开发综合实践类虚拟情境课程。在课程理念设计方面，以适性发展、生活适应、科技辅助、核心素养等作为智障儿童虚拟情境课程设计的价值取向。在课程要素方面，构建了虚拟情境课程要素结构模型，“学情分析→目标拟定→内容选择→情境创设→功能评价”五个要素有机结合与相互协调，横向关联、纵向递进，每一个要素在设计中都要观照其他要素的功能及可行性。在课程组织方面，构建了以“教康一体”为目标，“潜能开发”与“缺陷补偿”两大类内容组成的“一体两翼”课程结构，在“潜能开发”类中，从健康、语言、社会、科学、艺术五个领域组织设计课程内容；在“缺陷补偿”类中，以动作、感知觉、沟通与交往、情绪与行为四个领域组织设计课程内容。

第二，培智学校虚拟情境教学实施方式。首先，开发信息化环境下的特殊儿童个别化教学平台载体，实现了智障儿童教学实施中的生态评估、课程拟定、教学实施与综合评鉴四个方面的典型应用功能。其次，按照虚拟情境课程组织分类，分别对“潜能开发”与“缺陷补偿”两大类教学的概念、特点、实施策略进行阐释。最后，分别进行了面向“潜能开发”与“缺陷补偿”的虚拟情境教学实施，开展了教学反思，提出了优化观点。

第三，运用虚拟情境教学干预智障儿童的实验过程。由于智障儿童身心特征、个别差异、障碍程度的复杂性与特殊性及课程与教学理念的不断深化，实验力求全面、客观、有效地反映虚拟情境干预智障儿童教学与传统干预方式的成效比较。采用过程性评价与终结性评价相结合策略，利用单一被试实验进行了“虚拟情境改善智障儿童上肢运动能力的单一被试实验”的过程性评价研究，实验揭示了虚拟情境下可以实现更高强度的训练，显示比传统的人工干预方式有更好的趋向稳定性与效果；利用 ICF-CY 进行了“虚拟情境改善智障儿童上肢运动能力的协调性”的形成性评估研究，评估显示，被试的障碍程度均有明显下降。这部分实验与评估两种方式相结合的实证分析，证实了虚拟情境的干预方式要优于传统干预方式的基本假设。

在本书写过程中，导师张立昌教授给予了全面指导，他希望我能通过研究与学习来提升学术修养、涵养品格德性。在本书研究进程中，苏州市教育局把本书列为“姑苏教育人才”资助项目。在此一并表示诚挚的敬意与谢意。

郑　权

2024 年 3 月

目　录

第1章　绪　　论

作为一种实践活动，教学总是在一定情境中展开的。情境的不断创设和革新极其多样化，必然为教学的展开产生有效、有力、有益的影响。情境教学理论与实践在我国基础教育领域取得了卓越性成就，被广泛地认同、遵循和发展，使教学方式呈现出更加丰富多姿的样态。随着新一代信息技术的发展，虚拟情境教学已然成为情境教学的一个时代拓展，其运用前景可期。在特殊教育领域，由于传统的教育康复质量难以满足社会与时代需要，运用新一代信息技术手段促进特殊教育课程与教学改革成为一种时代选择路向。本章在智障儿童虚拟情境教学研究背景与意义的考量基础上，力求对国内外虚拟情境教学领域的技术发展，特别是教育应用进展进行梳理、分类与述评，为确立本研究内容价值性与可行性提供研究基础。

1.1　研究背景与意义

1.1.1　研究背景

随着新一代信息技术的发展，虚拟情境已然成为智障儿童学习的“时代场域”。虚拟情境为培智学校教学提供了媒体与内容支持，经由主体参与就构成了信息时代新的学习系统，为智障儿童的学习及其发展创造了与信息时代发展相契合的“学习场”，成为培智学校信息化教学研究与实践的新领域。

虚拟情境是情境类别的新拓展。情境是指通过一定事件的形象描述或一定环境的设置、模拟，激发学生的情感和思维，使学生产生如临其境的逼真感，以达到一定的教育目的。情境教育学派的领军学者李吉林将情境分为实体、模拟、语表、想象及推理等“五大情境”。情境可以是真实的也可以是虚拟的。《MIT 认知百科全书》一书则把情境分为物理的或任务的、社会的或互动的、生态的或环境的三类，其中基于物理的或任务的情境就包括人工智能创设的情境。由于定义者所处的国度、文化、时代与领域不同，其概念内涵的侧重点也各不相同，但从各派所指的如“模拟”“虚拟”“人工智能”等要素中已关涉到虚拟情境的意涵。

在我国教育改革逐步深入的过程中，情境教学促进了教育观念的变革，提高了学校教育质量，推动了原创性的中国特色、中国气派、中国风格的教育思想体系和教育思想流派的形成，丰富了我国乃至世界的教育理论宝库。

李吉林在我国情境教学研究与实践中做出了卓越贡献，通过近 40 年情境教学探索，逐步构建了独具特色的情境教育理论体系与操作体系，并指出情境教学主要有三大特色。

第一，知识与情境相互依存。传统学校所传授的是抽象的符号，儿童只是被动地一点一点地接收知识，对知识之间的联系、知识产生的背景，儿童很难知晓。原本鲜活、有趣的知识成了单纯的、抽象的符号，变得陌生、孤寂、冷落，远离了儿童的生活，把儿童压得喘不过气来，使得传统知识的传授对于儿童失去了积极的意义和价值。情境教学坚信知识与情境是相互依存的，任何知识都是在一定的情境中产生的，最终都会回到情境中去。儿童学习的知识更应该是情境性的。情境教学通过运用图画、音乐、表演、多媒体等直观手段，与老师的语言描述相结合创设情境，让知识镶嵌在情境中。一种真实的、本真的情境，让知识有根、有联系、有背景，吸引学习者通过与环境互动去建构知识。

第二，情境教学是儿童教育的出发点和归宿。我们最终的目的是使全体儿童获得全面的、充分的发展。因此，情境教学不仅要充分利用儿童各自的经验和内心世界中种种促进他们成长的可贵的自然资源，还要通过新旧经验的互动建构，不断叠加、重组、融合、发展。这不仅是社会对他们的期待，也是儿童本身企盼的愿景。儿童的这种天性，在不同的教育环境作用影响下，可能是千差万别的，有的很外露，有的则内隐。儿童的潜能具有极大的不确定性，有可能得到充分发展，也有可能被压抑泯灭。儿童的发展是在一定的情境中发生的，情境成为儿童构建知识的不可缺少的资源和运用经验、运用知识的不可替代的现实场景。儿童正是在这种情境中去洞察，去感悟，去体验，也就是说儿童的潜能和经验是要通过他们自身的活动，在与社会、与文化相互作用的情境中来实现的。

第三，情境教学是儿童融入社会的良好教学方式。知识是社会性的，儿童知识建构必须联系社会实际，让儿童在与社会接触中，与他人互动，与环境互动，并在互动中学习。情境教学形成了一个开放的系统，致力于拓展儿童的生活和发展空间，并向家庭和社会延伸。社会是儿童学习活动最广阔的课堂、综合实践最生动的实验场。儿童学习的知识倘若远离社会，学习活动倘若隔绝于社会生活之外，便不可能真正领悟知识的精要，也就失去了学习的真正意义和知识本身存在的价值。再者，儿童学习的最终目的，是为了将来在社会上生存，在社会实践中运用知识，并在个体发展的同时推动社会的发展，同时也发展自我。所以社会是儿童知识建构不可或缺的资源，是运用知识不可替代的现实情境。

随着信息时代的发展，教育信息化成为促进教学质量提升的关键因素，有必要对传统的情境教学进行新的研究与拓展。

《教育信息化十年发展规划(2011—2020年)》提出，要推进信息技术与教学融合，建设智能化教学环境，提供优质数字教育资源和软件工具，利用信息技术开展启发式、探究式、讨论式、参与式教学，鼓励发展性评鉴，探索建立以学习者为中心的教学模式。虚拟现实设备被描述为21世纪的学习辅助工具，因其便捷性、移动性、交互性、开放性和个性化等特点，可在教学中代替高成本、高危险、高复杂程度的实验，具有巨大的应用价值。崔钰婷等在《虚拟现实技术对学生学习绩效的影响——基于59项实验或准实验研究的元分析》一文中指出，传统的教学是以教师为中心，学生处于被动地位，而基于虚拟现实技术的教学有利于创建以学生为本的个性化教学环境。虚拟现实技术并非只是一种展示手段，更是融入了教与学的全过程。教师应鼓励形成实践共同体的活动，创设多元、开放的虚拟现实教学环境，使学生逐渐充分参与共同体的活动，主动建构知识体系。研究还指出，在虚拟情境教学内容方面，教育游戏效果最好。

特殊教育发展促进医疗康复、信息技术与特殊教育融合。教育、卫生健康、民政、残联等部门和单位协同推进，加强医疗机构、妇幼保健机构、儿童福利机构、康复机构与学校合作，提高残疾学生评估鉴定、入学安置、教育教学、康复训练的针对性和有效性。实施辅助器具进校园工程，优先为义务教育阶段残疾儿童科学提供辅助器具适配及服务。鼓励有条件的地方充分应用互联网、云计算、大数据、虚拟现实和人工智能等新技术，推进特殊教育智慧校园、智慧课堂建设。推动残疾儿童青少年相关数据互通共享。开发特殊教育数字化课程教学资源，扩大优质资源覆盖面。

江苏省第二期特殊教育提升计划（2017—2020年）提出，加强特殊教育信息化建设，建立特殊儿童相关数据共享平台，在卫生计生、教育、民政、残联等部门之间建立数据互通机制，为区域资源配置和融合教育奠定基础。探索建立个别化特殊教育远程协作平台，尝试跨地域实施教育诊断、个别化教育方案制定、跨区域教研活动、质量评估等。加强特殊教育国际交流与合作，借鉴发达地区特殊教育课程实施与管理经验，提高特殊教育课程质量。

由此，基于虚拟情境的智障儿童教学研究，具有政策支持的时代背景、具有科技发展的技术背景，更有特殊教育发展需求的现实背景。

特殊教育是我国基础教育的重要组成部分，教育对象主要为智障儿童、听障儿童与视障儿童。其中智障儿童在我国每年新增的残疾儿童中所占比例最高，为54.21%，同时也是我国特殊教育的主体。教育部2017年全国教育事业发展统计公报显示：智障儿童的数量在特殊教育学校中比例最大，又由于其障碍类型多样、障碍程度不一，一直是特殊教育发展中的难点与痛点，提升智障儿童的教育质量成为特殊教育发展面临的重要命题。

智障儿童是指智力显著低于一般人水平，在成长期间（即18岁前）伴有适应行为障碍的残疾儿童。智障儿童残疾原因主要是神经系统障碍造成了他们的活动参与方面的限制，因此，社会与学校需要从环境、教育、生活等方面提供各项支持。智障儿童是高度异质而多样化的群体，除了智力明显落后于正常同龄人，并伴有适应性行为困难外，多伴有运动、感知觉、沟通与交往、情绪与行为等方面障碍，严重影响其生活、学习质量。与健全儿童教学干预以相比，智障儿童教学干预的基本点应立足于通过信息化教育康复来促进智障儿童的生存与生活质量，进而提升其全面发展的潜能。

(1) 在研究上具有政策支持。特殊教育被党和国家赋予了重大使命，党的十八大强调教育是人民“最关心最直接最现实的利益问题”，提出“支持特殊教育”。习近平等党和国家主要领导人多次强调，“残疾人是社会大家庭的平等成员，是人类文明发展的一支重要力量，是坚持和发展中国特色社会主义的一支重要力量”。为促进特殊教育更好发展，近年来，我国先后推出两期特殊教育提升计划，2014 年推出了第一期特殊教育提升计划，2017 年推出了第二期特殊教育提升计划。在第一期提升计划中提出：要全面改革特殊教育学校的教育教学方法，对特殊儿童进行个别化教育，加强特殊教育教学与康复的针对性、有效性，根据各地办学条件，在特殊教育学校中合理引入医学康复与诊断手段来促进特殊教育教学与康复的质量。在第二期提升计划中又提出了“加强特殊教育信息化建设，重视教具、学具和辅具的应用，探索医教结合的模式和制度”。

残疾人教育康复工作政策与我国特殊教育提升计划相呼应，提出我国残疾人康复工作应当从实际出发，发挥技术优势，将现代康复技术与方法有效应用于教育康复中，将现代康复技术与传统康复技术相融合，通过可行的、实用的新技术与方法对特殊儿童进行教育康复，认真开展教育康复新技术研发与应用，为特殊儿童提供有效的服务。

(2) 在实践上具有科技支持。随着信息科技在特殊教育领域中的应用不断扩大，虚拟情境在智障儿童教育康复中不断探索与应用，正是科技以人为本在特殊教育领域中的集中体现，是引领智障儿童教育康复的思想、理论、策略与评估研究与实践的重要内容。

虚拟情境由虚拟现实技术创设。赵沁平院士指出，虚拟现实(Virtual Reality，VR)就是以计算机相关技术为核心，结合了其他相关科学技术手段，生成与现实世界中在视觉、听觉、触觉等方面高度近似的数字化环境，人们通过一些交互设备与该数字化环境进行交互，能够产生亲临现实世界的体验。对于虚拟现实概念的界定，不同的研究者站在哲学领域或者心理学领域抑或教育学领域对虚拟现实这一概念进行探讨，但在本质内涵上与赵沁平院士的阐释基本保持一致。随着虚拟现实技术的进一步发展与应用，由“虚拟环境”“虚拟情景”“虚拟情境”等概念开始出现在学术文献中。对这几个概念的学科归类进行分析，从信息科技的学科角度，使用较多的是“虚拟环境”或“虚拟情景”，而教育学科立足学校育人功能，认同、接受与应用较多的概念是“虚拟情境”。

虚拟情境是将虚拟现实技术应用于学习者的感知世界和认识世界，并与自我知识与技能的构建相互融合，是在无技术痕迹支持下的传统情境学习方式的再拓展。虚拟情境下的教学干预体现了儿童自主性学习，将虚拟情境有效地运用在智障儿童的教育康复中，可以促进他们主动学习，提升他们的思维和感知水平，比在传统教育康复条件下能获得更多的知识与技能。智障儿童在虚拟情境下的教育康复中，其身心一体的参与不仅体现了智障儿童“到场”，更实现了智障儿童的“入场”。虚拟情境能较好地满足智障儿童对虚拟情境“反复观察”、积极体验、探索尝试，而不需要增加教育康复成本。虚拟情境在促进智障儿童的教育康复方面能对情境实时再造，促进他们的知识探索及身心机能强化。

(3) 在应用中具有现实需求。基于虚拟情境的教学干预正在拓展及改变着传统的教学干预方式。基于虚拟情境的智障儿童教学干预不仅限于智力方面的提升，其中身体功能的康复也成为重要的干预领域。当前，由于我国智障儿童的障碍程度不断加重，运动障碍、社交障碍以及多重障碍不断增多，传统的教育康复训练模式单调乏味、效率低下，难以满足智障儿童发展需要，改革势在必行。

随意数字时代的到来，数字化学习成为一种时代必然，从数字化课程到数字化学习方式，再到数字化评价，人们的学习方式已经发生转变，应积极思考、主动适应，推动从“现实情境”的学习方式向“虚拟情境”的学习方式拓展。高媛等人认为，基于虚拟情境的学习方式，能使儿童获得最直观体验和感受，从而对事物特征与结构的过程与发展，产生更为直接与深入的理解。虚拟情境的主要特征有三个：交互性特征、沉浸性特征、构想性特征。虚拟情境的交互性特征体现在具有良好的人机互动功能、情境再现功能、实时评价功能，这三种功能使学习者实时获得感知和反馈。传统的学习方式还存在着知识与信息的单向传输性，学生很难与知识产生交互；现实情境还有稍纵即逝的弊端，很难让学习者重复获得学习情境，传统的学习评价延迟性很难让智障儿童实时获得评价，对知识与技能的掌握正误不易实时获得，这些不利因素在虚拟情境下都可化解。虚拟情境预设的情境能较好地吸引智障儿童的身心参与，使其有效地沉浸在学习情境中，顺利完成学习或康复训练，解决了智障儿童不能集中精力学习的问题。虚拟情境具有构想性，不需要智障儿童跨越时间与空间，在学校虚拟情境教室就可对知识与技能进行学习与训练，节省了到现场学习、培训与康复的人、财、物、时等成本。随着信息科技发展，与虚拟情境相关的教育教学资源不断丰富，价格也会不断降低，基于虚拟情境的智障儿童教学必将成为特殊教育学校课程与教学改革的一种时代选择。

1.1.2　研究意义

情境认知与学习理论不仅更新了人们对学习的理解，而且推动了学校教育的变革，为基于情境认知与学习的教学模式研究奠定了理论基础。基于虚拟情境的智障儿童教学是情境教学理论与实践在特殊教育领域的拓展。虚拟情境正在拓展及改变着智障儿童传统的学习方式，不仅成为新一代信息技术在基础教育领域深度应用的时代标志，更是在“全人教育”“关键能力”“核心素养”等理念下，促进智障儿童跨学科学习，实现信息技术从服务教育教学拓展到服务育人的支撑引领作用，对该领域的探索也随之成为传统情境教学研究实践的领域拓展。因此，其研究具有一定的理论意义与实践意义。

1.1.3　理论意义：情境教学在特殊教育领域的时代拓展

知识的意义寓于情境之中，儿童必须通过具体情境才能掌握某种知识，并获得意义的理解和建构。在传统的情境教学中，常通过以下六种方法来创造情境，通过生活场景来展现情境，通过实物操作来体现情境，通过语言来描述情境，通过图文来呈现情境，通过音乐来渲染表达情境，通过表演来再现情境。虚拟现实技术能根据教学需要，合理运用上述六种情境创设技艺，开发出与教育康复目标一致的虚拟情境，这样就能较好地解决智障儿童学习与发展的需要。

当前，由于我国培智学校学生的障碍程度不断加重，运动障碍、社交障碍以及多重障碍不断增多，因此智障儿童课程与教学改革势在必行。随着时代的发展与进步，培智学校课程与教学必将从关注智障儿童的身心发展、社会技能发展和实践能力三个基本属性出发，给智障儿童教育目标提出有别于普通中小学的课程与教学目标。在培智学校，新课标提出了从智能发展领域、社会适应领域、生活实践领域进行教育康复目标的厘定的要求，不再完全照搬健全儿童的教育目标与教学方式。因此，在新理念下，兼顾智障儿童全面发展和显著个别化差异的实际，我国从智能发展、社会适应和生活实践三个方面进行课程与教学改革，进一步改善智障儿童的学习效能与发展质量。在信息时代，虚拟情境教学研究与实践有助于丰富特殊教育课程与教学理论，拓展智障儿童信息化教学研究与实践领域。本书将教育信息技术学科中最具前瞻性的“虚拟情境”技术与“培智学校课程与教学改革”进行跨学科融合研究，改变了单一学科研究的局限性，丰富了智障儿童教育康复新形式。为我国智障儿童教育教学评价提供了参考价值。

在特教学校，通过教学干预促进智障儿童发展，始终是学校教育的核心工作。对比以前的特殊教育课程与教学改革发展的理念，当代特殊教育课程改革理念的大变化是：从关注“缺陷补偿”理念导向转变为“潜能开发”导向，继而指向更高层次的二者相结合策略，提出了不仅要注重智障儿童的潜能开发，还要把智障儿童的身心功能改善放到重要的位置。这体现了当代特殊教育发展的诉求，由于智障儿童障碍程度不断加重，运动障碍、社交障碍以及多重障碍不断增多，个别化差异障碍日益严重，因此课程改革既要关注学科课程，也要顾及智障儿童的个别化需求，这不仅要着眼于学生适应生活、适应社会的基本需求，还要着眼于学生个别化发展需求，根据智障儿童身心障碍的特殊性，发现其潜能，进行有针对性的开发，关注其身心障碍的具体特点，进行康复训练，以改善缺陷程度。这体现了要给学生更高质量服务，应因人而异，以适应智障儿童个性化发展的时代诉求。

虚拟情境应用体现了特殊教育对儿童发展的时代回应，顺应了当今教育改革的新理念。教师不仅要给智障儿童传授一定的学科知识与基本技能,还要与健全儿童一样,注重发展智障儿童的核心素养,培养其在人文底蕴方面的关键能力和在科学探索精神方面的能力,帮助其掌握学习方法与技巧,培养健康的生活方式,担当起对社会与他人的责任,同时又具有实践创新能力。据统计,在虚拟教育行业中,大部分是5~15岁的用户。为了提高我国低幼阶段儿童的学习质量,教育部颁布了《3~6岁儿童学习与发展指南》,从健康、语言、社会、科学、艺术五个领域提升儿童的核心素养。

近年来,世界基础教育倡导"全人教育"方略,对智障儿童的教育也有其指导意义,即指导特殊教育学校在课程与教学改革中在培养智障儿童健全人格的基础上,促进其更全面地发展,并针对智障儿童的潜能所在与缺陷所在进行有针对性的教育与康复。

"全人教育""关键能力""核心素养"等思想为智障儿童发展提供了时代理论,对新一代信息技术在智障儿童发展的课程设计、教学实施、干预评价四个方面有较好的理论指导意义。

1.1.4 实践意义:探索虚拟情境下培智学校教学问题的破解之路

通过对我国特殊教育课程与教学发展的历史进程进行梳理可以看出,特殊教育与普通中小学校课程与教学改革相比还显滞后和冷寂。普通中小学的课程与教学改革随着我国改革开放的逐步深入和政治经济体制深化进行了多轮次的改革,推出多个课程标准及配套教材与课程资源。我国智障儿童课程与教学改革发端于20世纪80年代,经历1987年、2003年、2016年三次课程与教学改革。在改革理念指导下,特殊教育学校多是结合自身发展,主动进行区域或校本性质的改革,基于虚拟情境的智障儿童教学研究也结合时代与发展需求展开了研究与实践。

特殊教育学校课程新标准是对我国多年来特殊教育发展和教育教学改革经验的集中总结,是当前及今后一个时期我国特殊教育教学改革的顶层设计,对于进一步提升特殊教育质量、办好特殊教育、促进教育公平具有特殊的重要意义。因此,此次新课标的推出,体现了特殊教育课程改革的后发优势。

具体而言，特殊教育课程改革体现了当代特殊教育的新理念，在课程资源目标建设方面，充分考虑了不同类型残疾学生的认知能力、学习方式、个性特征和身心发展特点，针对残疾学生的特殊需求，开发满足特殊教育课程与教学改革需求的优质资源。在课程资源内容建设方面，构建了以提升生活质量为核心的开放而适性的课程，既注重现实生活的需求，又注重社会发展的需要。同时，特教课标的出台有利于规范各地的教材建设，开发一批针对学生特点、符合课程标准，具备通用性、系统性、科学性、实用性相结合的教材，将有助于教师专业能力的进一步提升，有助于探索具有智慧教育属性的特殊教育数字化课程资源建设之路。

需要指出的是，由于我国残疾学生的障碍类型不断分化，障碍程度不断加重，多重障碍不断增多的现状，与特殊教育学校义务教育课程标准相伴而行的应该是加快特殊教育教学和评价的改革。对比以往的特殊教育课程与教学改革，此次新课标的一个重大进步就是，从以往“缺陷补偿”向“潜能开发”转变，进而指向更高层次的“注重潜能开发与功能改善相结合”教学原则，这是本次新课标的一个亮点，也是当代特殊教育发展的诉求。这就要求特殊教育工作者遵循残疾学生身心特点和学习发展规律，推进差异化教学和个别化教学，提高教育教学的针对性，及时调整教学观念和教学方式，合理把握教学容量和难度要求，通过多种方式开发潜能，将发展的可能性变为发展的现实性，促进残疾学生全面发展，更好地融入社会。

虚拟情境是新一代信息技术在特殊教育中的创新研究与实践，其本身在教育领域中的应用成果也不多，在特殊教育领域至少还有以下三个方面主要问题亟待解决。

第一，培智学校虚拟情境课程开发的依据是什么？相应的模式有哪些？

当今在信息科技发展中，“虚拟现实”已成为当之无愧的热点：国务院颁布的《国家中长期科学和技术发展规划纲要(2006—2020年)》就将虚拟现实技术列为在我国未来信息领域要优先发展的关键前沿技术；随着虚拟现实技术的发展，2016年被称为“虚拟现实元年”。虚拟现实技术在特殊教育领域应用的优势主要体现在能激发智障儿童的学习动机，增强智障儿童的学习体验，创设心理沉浸感，实现情境学习和知识迁移等方面的优势。研究指出，虚拟现实技术在教育中的应用愈发成熟，其价值主要体现在支持学习环境创设、支持技能实训、支持语言学习、支持特殊儿童教育等四大方面。

虚拟情境课程是智障儿童教育康复的重要内容。虚拟情境课程是关涉教育质量的重要因素，它不是孤立事件，而是在特殊教育理论指导下，在目标设置、内容导向、教学策略、评价手段等多个要素互动下，为实现教育康复目标而设计的。但前期的虚拟情境课程多是商业性、娱乐性、研究性的课程，很少有针对智障儿童认知与身体障碍的课程资源，不能满足智障儿童的需求。我国智障儿童课程开发呈现两条主线，一条是培智学校教师根据时代发展与教育理念和教育技术的发展，自发进行校本课程开发与教学探索；另一条是我国高校与研究机构根据国内外智障儿童教育发展进行有针对性的引介与应用。本研究基于特殊教育课程观视角追问，其开发的理论支撑是什么？开发模式是否有迹可循？开发课程内容是否适切学生发展？这些问题都有待深入探析。

第二，培智学校的虚拟情境教学干预设计与实施的可能途径有哪些？

随着信息科技的发展，基于虚拟现实技术创设虚拟情境逐渐被人们所认识，成为信息化环境下情境教学的新表征。情境教学是我国中小学教学改革的重要流派，情境教学理论与实践在我国基础教育领域取得了卓越性成就，被广泛地认同、遵循和发展。情境教学在我国基础教育领域具有广泛的遵循与示范价值，能大面积提高中小学教学质量，在全国基础教育界具有广泛的影响，其理论及实践成果得到中小学界的广泛认同。

鉴于情境教学在普通中小学取得了巨大成功，特殊教育学校中能否也开展情境教学？智障儿童教学新理念也强调情境教学改革，提倡创设情节与环境或利用自然生活场景开展的教学活动。随着信息科技的发展，情境教学的研究更充分体现了信息技术的应用，关注信息技术支持下虚拟情境教学的研究与实践变得更重要。

虚拟情境的载体由虚拟现实技术支撑的系统平台集成，由于虚拟情境的主要特征是交互性、沉浸性及构想性，由此对应的智障儿童教学干预方式应是信息化环境下的个性化学习方式、社会性学习方式及创新性学习方式。其应依循的教学干预基本原理是什么？教学干预基本要素如何把握？教学干预的策略与方法如何实施？虚拟情境创设的可行方式是什么？这些基本问题都有待实践探寻。

第三，培智学校的虚拟情境教学干预的循证和评鉴方式应该是怎样的？何以证明它的适切和有效？

智障儿童的教学干预的循证和评鉴与普通中小学儿童教学的循证和评估有很大不同。这是因为普通中小学儿童的认知、情感、身体发展有较一致的共性，开展多层次、多方法、多样本的实证研究较多，可以循证或借鉴的成果与方式也很多，但特殊教育领域因其特殊性可循证或借鉴的成果较少。众所周知，培智学校的智障儿童包括有单纯智力落后儿童、伴有智力落后的自闭症儿童、伴有智力落后的脑瘫儿童、伴有智力落后的多重残疾儿童，因此培智学校基于其特殊性与差异性，应开展全程性的评估鉴定，从生理障碍方面进行医学评估鉴定，以发现其生理方面的障碍及程度；从生活方面进行评估鉴定，以发现其生活技能短板；从社会沟通能力方面进行评估鉴定，找出其个性差异；从基本的语言、数字方面进行学业方面评估鉴定，以掌握其智力程度。通过以上四个方面的评估鉴定，就能基本掌握智障儿童的身心障碍程度及智能发展，然后进行个性化需求分析，以进行有针对性的教育康复。比如，对一个伴有智力落后的脑瘫儿童，轻度障碍的需要通过上肢来抓握物体助行，严重的要通过用手摇动轮椅助行，因此要加强其上肢运动能力的训练；对一个伴有智力落后的高功能自闭症儿童来说，由于其在语言、记忆、运算、绘画等某一方面具有特别的优势潜能，因此，对其进行有针对性的潜能开发将更有价值；而对一个轻度的智障儿童来讲，掌握一门基本的工作技能，以自立于社会更有意义。因此，可以利用虚拟情境对智障儿童进行生存技能的训练。

对智障儿童在教育活动中的表现进行观察或记录，对录像采集视频进行分析，组织老师、家长与医学人员进行讨论以及对各类评估资料进行分析，在此基础上对智障儿童进行障碍描述及价值判断，这些构成了智障儿童评估鉴定的基本方式。虚拟情境下智障儿童教学干预的循证和评鉴中现有成果能否借鉴？已有的实证方式可否移植？评价量表的采用是否科学？这也是本研究力求解决的基本问题。

1.2 虚拟情境研究进展及其教学应用述评

随着科技的进步,人们越来越有能力将想象中的理想世界以更逼真的效果展现在眼前。虚拟现实技术也伴随着科技进步和人类对于再造理想世界的渴求而逐步发展起来。虚拟现实技术被看作人类智慧的集中体现之一。

虚拟情境由虚拟现实技术创设而来,特别是近几年,虚拟现实技术的发展突飞猛进,由于其技术实现方式与呈现方式的进步,为了更好地表现其特征,科技界把虚拟现实看作一个连续一体的谱系,其中不仅包括虚拟现实,还包含增强现实(Augmented Reality,AR),增强现实是在虚拟现实的情境中叠加了现实物体的技术。随着技术的发展,虚拟现实技术又创设出在自然现实情境中融入虚拟现实成分,并把这种技术称为混合现实(Mixed Reality,MR)。由于这三种技术都是对现实情境的再造、叠加或融合,所以在教育领域,一般把虚拟现实、增强现实及混合现实统称为"虚拟现实连续统一体"。因此,本研究对虚拟情境的内涵界定包括由虚拟现实、增强现实与混合现实三种技术创设的虚拟情境,呈现方式不仅包括了纯虚拟现实情境,还包括增强现实技术、混合现实技术创设的情境。

专业学术文献数据库的相关文献将为本研究提供历史审视与现实考察基础,技术发展及应用、典型案例分析等将为本研究提供相对整全的学术资源。在众多专业学术文献数据库中,笔者选取了两个权威典型的数据库,中文文献来源为中国知网(www. cnki. net),外文文献数据库为 Web of Science。在英文关键词选取中,本研究分别将"Virtual Situation""Virtual eality""Augmented Reality""Mixed Reality"作为英文关键词,在智障儿童交叉研究中分别选用了"Virtual Situation & Mentally Disabled Children""Virtual Reality & Mentally Disabled Children""Augmented Reality & Mentally Disabled children""Mixed Reality & Mentally Disabled Children"作为英文关键词,文献数量代表了学界对于该领域的关注度与成果产出度,一般来说,新技术引起的研究热潮最终将趋于稳定。通过以上关键词对近

10 年来的文献进行检索，可以看出本领域研究的数量趋势及内容研究，比如将“Virtual Situation”作为关键词，以近 10 年为限，Web of Science 检索结果如表 1-1 所示。

表 1-1 Web of Science 近 10 年发表“VR”关键词的论文数量

选择	出版年	记录数	占比	柱状图
□	2018	274	9.993%	
□	2017	380	13.858%	
□	2016	293	10.686%	
□	2015	318	11.597%	
□	2014	278	10.139%	
□	2013	249	9.081%	
□	2012	207	7.549%	
□	2011	207	7.549%	
□	2010	193	7.039%	
□	2009	182	6.637%	
□	2008	161	5.872%	

通过关键词对近 10 年来的文献量进行检索，利用 Origin 绘图、数据分析软件进行文献量统计与对比，生成折线图，如图 1-1 所示。

8 对关键词近 10 年来的文献量检索量显示，Virtual Reality 一词成为该领域研究与实践的高频词。

由于本研究注重实践取向，所以更加关注虚拟情境创设的技术演进，特别是随着技术演进在教育方面的应用实践。因此，对虚拟情境创设技术分别从虚拟现实连续统一体谱系中 VR、AR 与 MR 展开技术述评；在教育教学应用方面，通过研究与应用现状分析，进行归类述评，即从学习体验、科学探究、技能培训、行为矫正、情感交流、艺术创作与体感游戏七个方面的典型应用来述评虚拟情境在教育领域的应用。这里需要强调的是，本研究是基于应用与实践探析展开的，我国在教育发展与规划中，一般把特殊教育归属为基础教育的一个分支，所以，本研究中虚拟情境在教育中的应用不仅包括

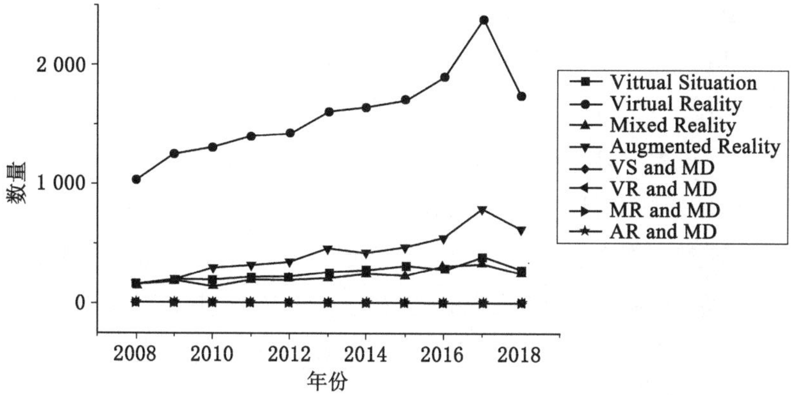

图 1-1 Web of Science 近 10 年发表主要关键词论文数量

在普通中小学中的应用，也包括在特殊教育领域中的应用。通过对基础教育中七个典型方面进行述评，以显示特殊教育领域在该方面的研究与应用现状，更能清晰地发现虚拟情境在特殊教育领域中的研究与应用的重心所在，以及哪些方面还有不足或空白，这都将为本研究聚焦研究问题、展开实践探索路径提供基础性的预判。

1.2.1 关于虚拟情境相关技术发展的述评

虚拟情境由虚拟现实技术创设。虚拟现实技术是一种通过计算机模拟真实感的图像、声音和其他感觉的数字仿真技术，它能够复制出一个真实或者假想的场景，当人身处该场景时，还能够与该场景发生交互。虚拟现实技术发展关涉哲学、伦理学、心理学、计算机科学、教育学、美学等诸多学科，学科综合性和交叉性很强，是新一代信息技术在社会各领域的创新研究与应用。

1965 年，计算机图形学奠基者、伊万·萨瑟兰(Ivan Sutherland)发表了《终极的显示》一文。他在文中提出一个新的假设，观察者可以不通过屏幕来看计算机生成的世界画面，而是用身体去感受计算机生成的能使观察者沉浸而且互动的环境。这一理论有着里程碑式的作用，所以他既被称为“计算机图形学”之父，也被称为“VR 技术”之父。

在随后的几年里，伊万·萨瑟兰开始了头戴式显示器研究的实践。他当时的构想是，人们戴上这个“头盔”，就能有一种身临其境的感觉。1968年，他研制出了第一个头盔显示器，使用的是阴极射线管，可以直接佩戴在眼睛上。他还发表了一篇论文，对头盔显示器的设计和构造进行了全面分析，并为这一装置设计了一个原型，为三维立体显示技术(3D)奠定了基础。在伊万·萨瑟兰的基础上，人们又进一步进行研究，加入了可以模拟力量和触觉的传感装置，终于研制出了第一个功能比较齐全的头盔显示器。

在上述的一系列研究成果的基础上，美国人杰伦·拉尼尔(Jaron Lanier)在20世纪80年代提出了“Virtual Reality”一词。该概念一经提出，就引起了社会各界的关注和兴趣。1984年，一款用来探测火星的虚拟视觉显示器诞生。该显示器主要用于获取火星探测器发回的数据，通过计算机处理后，建立起一个火星表面的三维虚拟世界。在接下来的研究中，又在显示器中加入一些特殊装置。1985年，一款名为VIEW的“数据手套”面世。后来，研究人员又在此基础上研制了VR系统，这是世界上首个较为完整的多感觉、多用途的VR系统，它使用了头盔显示器、数据手套、跟踪导航、语音识别等技术，并被广泛地应用于空间技术、远程操作等领域。

在应用方面，首先要提到的是宇航员应用VR系统进行训练的案例。1993年11月，美国宇航员通过VR模拟训练系统训练之后，成功地从航天飞机运输舱取出了新的望远镜面板。通过VR技术虚拟制造飞机是人类历史上首次在设计的过程中抛弃实物模型。飞机的设计者可以戴上特定的VR装置，自由地在虚拟的飞机中审查飞机的各项指标。这样的工作方式听起来就非常有趣，交互性非常强。也正是这样，一些人机交互的环境更加形象和逼真，人们会自然而然地对VR技术更感兴趣。

近十年来，国内外都高度重视VR技术，大力推广相关技术的应用，取得了较好的经济效益和社会效益，成果比较好的包括军事、航空航天、科技开发、娱乐、商业、医疗、教育等领域。美国对虚拟现实技术的推进体现在诸多方面，美国国家科学基金会每年都拿出大笔资金优先资助虚拟现实技术发展项目，以期在该领域保持领先地位。美国科学基金会在《2006—2011财年战略规划》中提出，美国要吸引公众了解当前的世界科学研究和新技术发展趋势，虚拟现实技术作为一种新兴技术，能让公众通过互动式和沉浸式的体验，提升公众的科技素养；美国工程院则把虚拟现实技术评选为21世纪人类在工程技术领域所面临的14个重大挑战性问题之一；美国国家航空航天局（NASA）是世界上最大的空间开发机构，建立多个虚拟现实教育与训练系统；美国国防部非常重视虚拟现实技术在武器系统性能评价、武器操纵训练及指挥大规模军事演习方面的研发和应用。另外，美国高校成为虚拟现实技术研究与开发的重要力量，如麻省理工学院在人工智能、计算机图形、动画方面的基础研究为世界虚拟技术发展提供了基础性研究；北卡罗来纳大学也在虚拟现实技术中的分子建模、航空仿真驾驶、虚拟建筑等方面取得了令世人瞩目的研究成果。

由于虚拟现实技术发展潜力巨大，各国在战略层面高度重视。其他国家对虚拟现实技术的发展在战略上给予高度重视，如英国政府"2015—2020年8个新兴科学技术集群的战略报告"；日本政府的"'创新2025'长期战略报告"等都把虚拟现实技术发展作为国家科技发展重要战略。

欧洲的很多国家，包括英国、德国、瑞德、荷兰、西班牙等都对VR进行了技术开发和应用。英国在分布并行处理这一领域以及辅助设备的设计和应用研究等方面一直处于领先水平。英国是桌面VR领域的先驱者，英国的高级机器人研究有限公司（ARRL）在远程实现方面的研究是以VR技术重构问题为主。他们与Overview公司一起开发了立体摄像系统，并且这些产品还是成系列的。ARRL还跟Airmuscle公司在3D、6D套上应用了触觉传感反馈系统，他们还在发动机设计、CAD软件包转换、VR中烟雾与爆炸效果、多媒体集成和医学模拟可视化等方面成绩斐然。

在德国虚拟现实发展进程中，涌现出许多卓越成果，如斯图加特的遥控机器人测试平台研究就倾向于计算机图形学，像可视模拟、VR图像处理等，同时他们还对那些在底层结构比较复杂、需要进行技术支持和指导的项目进行承包管理。他们的项目大多数都是应用在工业领域。

日本的VR技术发展很快，目前处于全球领先地位。其他一些国家，如韩国、新加坡等国也在积极投入到VR技术研究领域。日本主要的贡献是创建了一个大规模的关于VR的知识库，同时也做了很多VR游戏的开发。不过，日本的大部分VR硬件都是产自美国。东京大学原岛实验室进行了3

个方面的研究:提取人类面部表情特征、三维结构的判定、三维形状的表示及提取动态图像;广濑研究室的重心是VR可视化研究。他们致力于突破VR显示和交互技术目前的局限,开发出了一套虚拟的全息系统。这是一个类似沉浸式投影(Cave Automatic Virtual Environment,CAVE)的系统,用头戴式显示器(Head Mount Display,HMD)在建筑群中漫游,以达到仿真飞行的效果。

我国紧扣新一代信息技术脉搏,从20世纪90年代起,开始重视虚拟现实技术的研究和应用,并在虚拟现实战略布局中开展具有时代意义的顶层设计。在《国家中长期科学和技术发展规划纲要(2006—2020年)》中,虚拟现实技术被列为我国信息科技领域优先发展的前沿技术之一,成为我国高技术领域中具有前瞻性、先导性和探索性的重大技术。纲要提出为了促进虚拟现实技术的有序发展,将依托学科联合攻关的方式,将工学在技术设计、心理学在场景处理、教育学在资源配置、体育学在人机交互、医学在康复功能实现等多学科知识与技术应用于虚拟现实技术研究发展,以重点促进在医学、娱乐、艺术与教育、军事及工业制造管理等多个相关领域展开实施。工信部发布的《虚拟现实产业发展白皮书(2016)》一书指出:由于虚拟现实产业发展关涉多个产业领域,以虚拟现实技术的发展带动其他产业发展具有广阔前景。2018年,教育部通过的《2018年教育信息化和网络安全工作要点》指出,推动大数据、虚拟现实、人工智能等新技术在教育教学中的深入应用。高校与国家科研机构也是我国虚拟现实技术研究与实践的重镇。如北京航空航天大学虚拟现实新技术国家重点实验室、中国科学院计算技术研究所虚拟现实技术实验室、北京师范大学虚拟现实与可视化技术研究所、西南交通大学虚拟现实与多媒体技术实验室等成为我国最具代表性的研究机构。另外,国家自然科学基金、国家"973"计划、国家"863"计划、科技部专项基金在虚拟现实研究与实践领域起到重要的支撑作用。

北京航空航天大学虚拟现实新技术国家重点实验室,是我国最早开展VR研究的单位之一,在虚拟环境室、虚拟仿真、虚拟设计、人机交互、基础理论研究等方面获得科研项目180多项。从最初的理论基础知识开始,着重研究了虚拟世界中物体物理特性的表现和处理,并在虚拟系统的视觉输入端开发了一些硬件设备，提出了相关的处理方法。该实验室还有一个贡献，即实现了分布式虚拟世界网络设计，建立了 VR 研究论坛，实时动态提供 3D 数据，共享可以用来进行飞行训练的 VR 系统，为用户提供 VR 开发的相关平台和工具，并可能与有关单位远程连接。

清华大学的主要研究项目是 VR 的临场感。在图像随动、球面屏幕显示、立体图像闪烁灯的解决方法方面取得了不少研究成果。室内环境水平特征丰富，借助图像变换可使立体视觉图像中对应水平特征呈现一致形状，达到特征匹配，以此来获取物体的三维结构。

西安交通大学信息工程研究所主要研究方向是立体显示技术，这是 VR 术中的关键技术。在分析人类视觉特征的基础之上，又有了一种基于 JPEG 标准压缩编码的新算法，而且解压速度、信噪比和压缩比都比较高。

南京大学成立了南京大学 VR 与数字媒体研究中心，主要研究方向是虚拟体育仿真、数字文化遗产保护、人机交互等。

另外，国防科技大学、天津大学、北京理工大学、中国科学院自动化研究所、西北大学、大连海事大学、香港中文大学等国内多所高校也开展了 VR 方面的研究，取得了一些研究成果。

基于本研究虚拟情境的内涵界定包括由虚拟现实、增强现实与混合现实三种技术创设的虚拟情境，以下将从虚拟情境创设的三种典型技术发展分别展开述评。

1.2.1.1 虚拟现实技术发展述评

在早期的虚拟现实技术呈现方式中，追求真实体验成为出发点。虚拟现实技术起源于 19 世纪的 360°壁画和全景图，这些绘画旨在填充观看者的整个视野，使他们感受到一些历史事件或场景。1838 年，查尔斯·惠特斯通(Charles Wheatstone)利用双目视差原理发明了可以看出立体画面的立体镜。通过立体镜观察两个并排的立体图像或照片给用户提供纵深感和沉浸感。立体镜的设计原理也应用于当今较为流行的 3D 立体视觉模拟技术影院，如 3D 电影屏幕，家用 3D 电视等，它们都是通过虚拟现实技术和显示成像技术对左右眼分别提供一组视角不同的画面来营造出双目视差的环境，从而让人感觉到立体画面。1957 年，摄影师莫顿·海利希(Morton Heilig)

利用虚拟现实技术成功发明了世界上第一台3D视频系统。他认为,虚拟现实技术在军事训练、工人培训、学生教育、科技探索领域的应用前景可期。比如,人们很难接受诸如飞机驾驶、宇宙翱翔等高额成本的学习与训练,虚拟现实技术可以创设人们想要的各种情境加以体验,能有效降低学习与训练成本。1960年,他发明了世界上第一台头戴式显示器。该显示器非常轻便,位于耳朵和眼部的固定装置可以调整,观众头戴式显示器,可以产生身临其境的感觉。1965年,计算机图形学和虚拟现实早期研究者伊万·萨瑟兰(Ivan Sutherland)认为,应该将计算机显示屏幕视作"一个观察虚拟世界的窗口",这为虚拟现实技术发展指明了方向。

1987年,"虚拟现实"一词正式面世,虚拟现实开始由技术探索向产品研发迈进。集计算机科学家、哲学家和音乐家身份于一身的杰伦·拉尼尔(Jaron Lanier)研发了一系列虚拟现实设备,如数据手套(Data glove)、视觉电话(Eye Phone)等,他把这一类技术统称为虚拟现实技术,由于他在该领域的突出贡献,因此也被业界称为"虚拟现实之父"。1991年,公众逐渐可以访问虚拟现实设备。虚拟组织(Virtuality Group)电玩机是20世纪90年代具有影响力的VR设备,是消费级虚拟现实产品的重大飞跃。它使用头盔显示器来播放视频和音频,用户可以通过移动和使用3D操纵杆进行虚拟现实交互。1993年,日本世嘉(SEGA)公司在国际消费电子展上宣布他们为世嘉创世纪(SEGA Genesis)游戏机研发了SEGA VR耳机。环绕式原型眼镜具有头部跟踪功能、立体音效和用于显示的LCD屏幕。

从20世纪90年代开始,我国在虚拟现实领域主要起步于模拟军事训练与科学研究,这一阶段的虚拟现实设备由于技术不够成熟,产品成本高,还没有进入大众家庭。但这一代VR的尝试,为后续VR的积累和扩展打下了坚实的基础。

近几年来,虚拟现实技术快速发展,出现了爆发式增长的态势。早期虚拟现实技术追求的技术特性主要是体验性。近年来,虚拟现实技术的研发特性主要体现在交互性方面。比如,微软公司研发的Xbox360体感机器实现了自然状态下的人机交互,摆脱了用户必须依赖感测外侧设备对体感游戏进行操控的现状。与20世纪90年代的相比,当前计算机的运算能力足够强大，足以用于渲染虚拟现实世界。近年来，国际大型科技公司先后在虚拟现实显示技术方面有了实质性的进步，不仅在传统视觉显示上有很大进步，在视觉体验基础上增加的触觉感知和味觉传播等方面都有长足的进步，并且在产品层面会有持续的改善。中国电子技术标准化研究院进行预测数据分析，随着技术进步，虚拟现实硬件性能将进一步提升，应用领域会不断拓展，虚拟现实技术在未来五年会快速增长。

目前，我国虚拟现实技术研发也处于快速发展阶段，主要通过以下三种路径介入虚拟现实技术的研发。一是传统的信息科技企业在自己传统软硬件产品上植入虚拟现实技术，如华为、小米、OPPO 等企业在智能手机中增加虚拟现实技术，丰富了手机的功能与呈现状态。二原创型虚拟现实产业公司把虚拟现实技术研发与应用作为公司主要业务，充分利用新技术的发展在硬件平台进行原创性开发，在头盔显示器领域、数据手套领域通过视觉、听觉与触觉让用户在虚拟情境中进行体验。三是新媒体平台进行虚拟现实相关软件开发，如利用虚拟现实技术进行教育培训资源开发，对术后患者进行康复训练，对问题儿童进行行为矫正等多方面的应用。

由于虚拟现实技术是一个从萌芽到发展再到成熟的渐进过程，虚拟现实技术的发展与人们理想中的呈现方式还有差距，如在沉浸性方面的表征还多是人与设备在一定区域或角度内的直接关联，还不能达到 360°全方位的沉浸；在交互性方面还存在计算速度慢的问题，交互实时性方面还有完善空间。在教育教学中，虚拟现实技术设备性能还有待提升，存在着使用不方便、效果不佳等现状，比如，在中学化学的虚拟现实实验中，实验情境的设计与真正实验情境还有现实差距，一方面是受技术限制，另一方面是研发人员对教育教学理解度不够，这说明我国在虚拟现实技术开发中，存在着注重硬件开发、轻视软件设计的弊端，目前大多数虚拟现实软件普遍存在语言专业性较强、通用性较差、易用性差等问题。

1.2.1.2 增强现实技术发展述评

增强现实技术是 20 世纪 90 年代以来虚拟现实技术进一步发展的表现形式。为了促进增强现实技术行业规范与发展，2011 年，在美国举办的“计算机图形、图像处理及环境数据全会”，经过学术讨论，决定把“虚拟现实”谱系扩展到虚拟现实、增强现实、混合现实三个相关的领域，采用了“增强现实连续统一体”(AR Continuum)的名称。这也是本研究把增强现实技术作为虚拟情境创设理论依据之一。

增强现实技术与纯虚拟现实技术最大的不同点是二者的呈现形式的差异，纯虚拟现实技术呈现情境是由设计人员利用计算机技术、图形技术、建模技术开发的，所有的场景与角色都是人工创设而成，如在虚拟现实创设的典型情境——《大冒险》中的情境及角色都是以虚拟方式呈现的。而增强现实技术是将虚拟场景与真实角色有机融为一体的表现形式，将人们难以在真实世界感知、体验的信息集成在一起，让自然奇观再现，让历史事件重演。比如，在《恐龙大灭绝》增强虚拟情境中，设计者把虚拟恐龙叠加在真实的树木、河流、白云自然场景中，给人一种更加真实的体验感；又如，当用平板电脑扫描带有增强现实技术的动物卡片时会呈现出立体的动物形象，并且伴有文字或声音说明，获得更加详细或立体的感知体验与更为全面的信息感知。

增强现实技术是把虚拟角色利用计算技术等模拟仿真后，叠加到真实情境中，将虚拟角色运用到真实世界中，达到超越纯虚拟现实技术创设的虚拟情境体验。用户通过3D眼镜、头盔显示器、裸眼，能体验到比纯虚拟现实更加优化的增强现实虚拟情境。

增强现实技术第一次成功应用于实时直播是在1998年，当时体育转播图文包装和运动数据追踪领域的领先公司“运动视觉”(Sportvision)开发了1st & Ten系统。在实况转播足球比赛中，随着比赛的进行，在禁区、球门、连线处通过虚拟黄线对球员所处的位置进行定位，观众可以更加真切地感受到球员的行进位置和传球线路等，目前这一增强现实技术已在比赛中广泛运用。

经过多年的研究与探索，增强现实系统仍然存在一些问题，如视角偏差、定位不准、计算能力不足等。

1.2.1.3 混合现实技术发展述评

混合现实技术是在纯虚拟现实技术和增强现实技术的基础上向更高水平的发展。混合现实是在虚拟情境中融入现实情境或对象，通过虚拟情境与对象之间的交互,让用户感觉不是增强现实技术所创设的叠加效果,而是一种自然的融合,用户不能发现在混合虚拟情境中哪些对象是真实的,哪些对象是虚拟的。在增强现实中,对象总是叠加在虚拟情境的顶层,而在混合现实技术中,虚拟情境与对象是融合的,随着情境的转换,对象可能居于场景的顶层,也可居于底层。举例来说,人们通过平板电脑的虚拟现实功能观察"虚拟恐龙动物卡片"时,卡片显示动物的立体形状,"恐龙"总是居于场景的前面,而在混合现实情境渲染中,两者是自然融合的,如当恐龙从一片森林场景中经过时,身躯会随着树木位置的不同时而显现,时而隐在树木之后,混合现实技术所创设的是自然融合。

混合现实技术起源于20世纪七八十年代,加拿大多伦多大学Steve Mann教授为了更好地增强用户自身视觉效果,设计了可穿戴混合现实智能硬件,以便全方位感知周围情境,这被看作最早对混合现实技术的探索。由于增强现实技术创设的虚拟情境并不能使人感觉到自然融合,因此从增强现实技术向混合现实技术迈进成为必然。Steve Mann教授的理论指出,智能硬件最后都会从AR技术逐步向MR技术过渡。增强现实技术与混合现实技术的区别在于:增强现实技术呈现的方式是叠加,而混合现实技术呈现的方式是融合。例如,Face u(激萌,拍照软件)在用户脸上打出的虚拟物品、Google Glass(谷歌眼镜)投射出的随你而动的虚拟信息。增强现实设备使用二维显示屏呈现虚拟信息,因此真假很容易分辨;而在混合现实技术创设的虚拟情境中,用户所体验的效果与真实情境相一致。例如,微软公司开发了典型的增强现实设备Google Glass与混合现实设备微软Hololens混合现实头戴式显示器,微软的解释是Google Glass是将虚拟情境与真实对象的简单叠加,微软Hololens则是将虚拟情境与真实对象全面融合起来,用户佩戴微软Hololens头盔显示设备时,用户转动头部时,画面能保持贴在墙上的体验;而在用Google Glass时,画面就跟随眼镜方向转动而变换位置。随着技术的发展,MR技术将会投入更丰富的载体中,除了眼镜、投影仪外,研发团队正在考虑是否可用头盔、镜子、透明设备做载体。

混合现实技术代表了虚拟现实技术发展的最新方向,但是由于技术发展还不完善,产品与服务仍处于研究阶段,并没有真正进入教育领域。随着技术的完善,产品性能的提升与价格下降,软件资源的丰富,混合现实技术在教育领域中的应用将具备现实可能性。

生成式虚拟情境更能产生真实感渲染与交互感。它可以模拟出逼真的虚拟场景,让用户感受到身临其境的感觉。在虚拟现实场景中,真实感的渲染和交互是非常重要的呈现方式,其主要特征表现为真实感渲染更强。真实感渲染是指将虚拟场景中的物体、光线等要素渲染成逼真的效果,使用户有身临其境的感觉。在虚拟现实场景中,真实感渲染非常重要,它直接影响用户的感受和体验。生成式模型是一种可用于真实感渲染的方法,它可以生成逼真的虚拟场景,从而提高用户的体验。根据其原理主要分为:第一,基于深度学习的生成式模型。基于深度学习的生成式模型是一种常用的真实感渲染方法,它可以通过学习真实场景的数据来生成逼真的虚拟场景。这种方法通常包括两个步骤:训练和生成。训练阶段使用真实场景的数据对模型进行训练,生成阶段使用训练好的模型生成逼真的虚拟场景。基于深度学习的生成式模型可以用于虚拟现实场景中的真实感渲染,从而提高用户的体验。第二,基于物理模型的生成式模型。基于物理模型的生成式模型是一种可以用于真实感渲染的方法,它可以通过建立物理模型来生成逼真的虚拟场景。这种方法通常包括两个步骤:建模和渲染。建模阶段建立物理模型,渲染阶段使用物理模型来渲染逼真的虚拟场景。基于物理模型的生成式模型可以用于虚拟现实场景中的真实感渲染,从而提高用户的体验。第三,真实感交互性更强。真实感交互是指用户在虚拟现实场景中与虚拟场景进行交互的过程,它可以通过手柄、头戴式显示器等设备来实现。在虚拟现实场景中,真实感交互是非常重要的问题,因为它直接影响用户的感受和体验。

生成式模型是一种可以用于真实感交互的方法,它可以生成逼真的虚拟场景,从而提高用户的体验。生成式模型在虚拟现实场景中的真实感渲染与交互是一个新兴的领域,未来有许多发展方向。以下是一些可能的发展方向:生成式模型可以结合其他技术来提高模型的表现能力,如增强学习、语音识别等。这些技术可以用于扩展模型的知识库,从而提高模型的渲染和交互能力。生成式模型可以应用于其他领域,如游戏、建筑、医疗等。

这些领域都需要逼真的虚拟场景和真实感的交互,生成式模型可以为这些领域带来更多的创新和突破。

1.2.2 关于虚拟情境的教学应用之述评

通过对虚拟现实谱系技术所创设的虚拟情境教学应用实践进行分析表明,虚拟情境在教育中的应用主要体现在以下7个方面。

1.2.2.1 学习体验

学习体验是指在亲身经历的学习与探究活动中获得感受,将其融入自身的经验之中,在实践的过程中获得新的知识、技能和态度。在信息时代,体验还包括个体亲身经历或虚拟地经历某件事并获得相应的认识和情感的活动。美国学者大卫·库珀(David Kolb)的体验学习模型指出,儿童学习从体验与感知开始,通过参与讨论,形成自己的策略与方法,再通过实践与反思,最后总结出自己的观点。该理论认为,在一定意义上,知识就经验,而经验就是人与情境的交流。在虚拟情境下,儿童不仅能拓展体验的空间,还能对情境进行反复体验,促使儿童学习体验活动更加深刻,更有活力。虚拟情境下的儿童学习体验虽然不是发生在真实的情境中,但虚拟现实技术创设的情境可以让儿童产生真实情境下的体验,且能节约儿童参与真实情境体验的人、力、物、时等成本。

数学在世界各国的教育体系中都是最重要的学科之一。数学学科本身极其强调数形结合,而虚拟情境技术擅长展示抽象立体三维图形,因此虚拟情境在数学教育中的应用非常丰富。在学前教育阶段,有学者尝试使用虚拟情境技术帮助学生了解数学,学习基本的数字和计数规则。来自马来西亚的研究者就将虚拟情境内容制作成"魔法之书"用于小学生计数相关知识的学习,用情境化的教学模式和虚拟情境技术充分调动学生的积极性。这一阶段学生的抽象思维能力相对较弱,注意力也难以集中,但此阶段的学生具有一个突出特征:对于新鲜事物的好奇心强烈。因此,很多研究者采用AR技术进行小学数学教育的尝试。例如,韩国研究者充分吸收游戏界的丰富开发经验,将其融合进数学教学过程,借助虚拟情境手段丰富游戏和学习的体验,大大增强了小学生学习过程的趣味性,结果表明,游戏化的AR学习受到了学生的欢迎,调动了学生的学习积极性。

虚拟情境可以激发学习者的学习动机,调动其学习积极性。虚拟情境通过技术模拟真实情境,具有与真实情境相一致的感知与体验,学习者通过自己的身体与虚拟情境进行交互,对学习内容与训练技能进行感知、理解与实践。由于虚拟情境具有信息化学习与游戏化学习的属性,学习者在与虚拟情境的交互中身心总是处在愉悦之中,其学习的情绪体验是在轻松的氛围中展开的,学习体验比传统教学情境更能获得学习者的青睐。虚拟情境能较好地化解传统现场教学中场地局限、情境再现难、交互性差等问题。虚拟情境能带来逼真情境体验,学习者在虚拟情境专用教室就能体验到以多媒体形式呈现的各类知识,激发了主动学习的内在积极性。如在“星际 VR”虚拟情境中,体验者能够体验真实情境中无法直接参与的愉悦体验。体验者在虚拟实验室,带上 VR 眼镜,仿佛航天员一般能够看到太空中的各种天象奇观。在“火灾逃生 VR 消防演习”虚拟情境中,虚拟场景让儿童身临其境地感受到灾难来临时应该怎样逃生,并且教导儿童如何防范。相比传统图书与二维影视图像,虚拟情境所带来的沉浸式体验能让体验者有真实感受。随着虚拟情境开发的资源日益丰富,儿童体验的主题内容也将越来越完善。

在特殊教育领域,一般认为,由于智障儿童认知处于具体形象阶段,媒体刺激能有效激发智障儿童学习的兴趣。2013 年,王庭照等研究了虚拟情境在特殊教育中的应用效果,研究显示智障儿童能够较好地理解、参与到虚拟情境游戏的体验中,并表现出持续的学习兴趣。许多特殊教育学校也开始进行教学改革,把虚拟情境教学引入课堂,如新加坡 AWWA 特殊教育学校利用虚拟情境让智障儿童体验感知不同的地理奇观及世界各地多彩的植物等,规避了智障儿童因身体障碍无直接参与现实活动的弊端,成为学生喜爱的一种教学方式。

1.2.2.2 科学探究

科学探究在各国教育战略发展中具有重要地位。由美国政府主导的 STEAM 一体化的综合教育,旨在提升儿童的 Science(科学)、Technology(技术)、Engineering(工程)、Arts(艺术)、Maths(数学)5 个方面的核心素养,科学素养位列其中;2016 年 9 月 13 日发布的《中国学生发展核心素养》也倡导在 6 个领域提升中国儿童的关键能力,其中科学精神成为关键能力之一,与儿童的人文底蕴、高效学习方法、健康生活方式、社会担当意识、实践创新能力并列为六大方面的关键能力。我国《3~6 岁儿童学习与发展指南》指出从健康、语言、社会、科学、艺术 5 个领域培养儿童的核心素养。日本、新加坡、新西兰等也提出本国 21 世纪儿童应具备的核心素养中,把科学素养放在极其重要的位置。

各国研究者对利用虚拟情境促进儿童科学素养进行了多种探寻。如在虚拟情境"微观世界"中,通过不断缩小的镜头让儿童体验微小世界中的各种情境和生命,体验微观世界中的各种奇妙。体验过程中,儿童会碰到蚂蚁、花粉、细菌甚至原子等。利用 VR 设备,儿童的探究会更有沉浸感;"微观世界"中呈现的每一个放大了的元素都展现了游戏世界中的美,而且已经探索过的区域还能自由传送,方便儿童随时重温和游玩。德国慕尼黑生命科学软件公司开发了一种生物细胞的 VR 可视化工具,名为"被调查者"(InViewR)。儿童戴上这款 VR 头戴式显示器后,外面的世界便消失于无,一个"细胞"出现在儿童的视野之中,当抬起头时,就可以从多个角度浏览;当把头伸进去探索其内部结构时,可借助运动控制器,逐层分解细胞,用手腕轻轻挖掘,揭开埋在表面之下的细微结构。这种探究在现实情境中不可实现,而借助虚拟情境的支持,儿童就可以更加具体、直观地了解科学知识。在一款"北大西洋山脊"虚拟环境中,探究者可沉浸在虚拟情境中,驾驶潜水艇在大洋海底进行科学探究。通过对海底的岩石、鱼类、海藻等动植物、矿藏进行采集样本,再根据数据库进行比对,以习得认知或新发现。在"橡木林"虚拟环境中,探究者能在虚拟情境设计下,全面调查橡木林的生态系统中动植物分布与变化,以及气候变化带来的动物迁徙情况。这两个虚拟情境展示了与真实情境相一致的情境,不需要探究者身体力行参与真实探究,具有良好的科学探究与科学普及功能。我国在虚拟情境科学探究主题的内容开发中也进行了良好的尝试,虚拟情境技术用于博物馆、科技馆或一些名胜古迹的展示已非常普遍。

根据所发挥作用的不同,虚拟情境技术分为展览式和导览式。前者是定点展览，参观者可以在固定地方对应用进行体验，虚拟情境技术的运用帮助呈现部分不易或无法真实展示的实物，丰富展出内容和形式；后者是采用移动设备，在不同展出位置给予不同的反馈，包括介绍、知识链接、模型、游戏等。虚拟情境技术整合了不同形式的资源，带给参观者更全面的游览体验。比如，中国科技馆中的"天工开物"和"祖国山河"两个项目，应用增强现实技术为参观的游客提供了一个良好的虚拟情境。"天工开物"的主体是一本大型魔法书，游客翻阅图书时，摄像头将自动扫描标识码，在显示器上形成相应历史文物的3D虚拟模型。这种方式让游客能够更直观地认识华夏时期的各种工具，并能通过手动调整，仔细观察3D模型，充分了解历史文物知识。"祖国山河"项目是一个中国地图拼图游戏，游客可以将某一省市的拼图置于摄像头下，系统会识别拼图上标识的信息，据此在拼图上叠加代表该省市的自然或人文景观的虚拟三维物体，并实时显示在屏幕上。当转动拼图时，所叠加的三维物体会同时在屏幕上做相对应的转动，可以更全面地观察三维物体。同时，在屏幕右侧会显示相应省市的民俗文化、地域特色等相关介绍。游客也可以将拼图一块块安装在大地图底板上，拼出一幅完整的中国地图。

在特殊教育领域，由于智障儿童的智力落后因素，通过虚拟情境对其进行相关的文献研究还是空白，本研究中的"潜能开发"类课程设计会提供相关研究内容。

1.2.2.3 技能培训

技能是儿童在指导下运用已有认知，不断练习而形成的特定能力。儿童社会技能的学习与发展是养成健全人格的基础。儿童的技能表现在社会性各个方面，从技能的成熟度来分，可以分为基础性的初级技能和技巧性的成熟技能两类。儿童的技能一般遵循着从基础性技能向成熟性技能迈进的过程，这个过程就是技能在训练中不断成熟的过程。有研究指出，学前期是社会性技能培养的关键期，如果在学前期没有形成良好的社会性技能，就有成为问题儿童的风险。儿童的社会性技能是通过观察或模仿获得，所以指导儿童参与良好技能形成的活动并进行规范技能的学习十分必要。但是，由于在现实情境中参加活动或接受技能培训可能存在费用高、路途远、没时间等因素限制，导致儿童无法参与技能培训。虚拟情境是一种数字化学习资源，具有可复制性，可以缩短儿童的社会化技能与专业技能培训过程，因此弥补了这一缺憾。

虚拟情境在职业教育领域中应用广泛，能够为一些受客观条件限制而难以开展或危险性高的实验、培训等，提供逼真的模拟实验机会。对于一些学习过程中需要接受三维信息的学科，虚拟情境起到了展示实体信息的作用，它可使学习者更为方便地获得立体化模型，为学习者打造连续性的学习体验。早期开发的虚拟情境，主要用途就是技能培训，如美国航空航天的虚拟太空驾驶技术、虚拟军事训练、医学医疗培训等。如今虚拟情境广泛地应用于职业技能培训中，如中铁电气化局开发的"冷缩电缆终端头制作技术"就是由虚拟情境取代实物场景的技术培训，原本显得枯燥烦琐的学习过程在学习者眼中顿时变得生动有趣起来。它避免了传统培训过程中大量材料浪费的现象，也让工艺操作流程更加直观，更使技工们发现了不少在施工过程中容易忽略的问题，从而弥补了年轻人经验上的不足。利用虚拟情境对现实世界进行数字化的再现，不仅能逼真再现一种培训技能的过程，也能再现某一种活动的场景，一套完整的、带有各种变量的生产体系。因此，作为培训工具，虚拟情境是一种价廉物美的培训方式。比如，以传统食品职业技术学校中学习"炸鸡"的虚拟情境为例，持续 10 分钟的虚拟情境培训，不需要动用炸鸡原料、占用制作工具，就可以让学生基本掌握炸鸡流程。而由教师手把手教导新人的传统培训，需要至少 25 分钟，这还不包括购买原材料、准备炊具等工作耗费的时间。采用虚拟情境下的培训方式节省下的材料成本、人工成本和时间成本相当可观。

特殊教育技能训练主要是针对智障儿童进行生活与社会技能的提高。Attree 等人使用虚拟情境对 5 组智障儿童进行实验研究，得出了虚拟情境能促进智障儿童日常生活技能提高和社会技能提升的结论。Garzotto 等人开展了基于虚拟情境的智障儿童交互式学习的研究，指出虚拟情境能促进伴有智障的自闭症儿童的模仿能力、身体图示意识、社会技能的发展。国外研究也表明，虚拟情境对智障儿童的运动、语言、日常生活能力的训练效果比传统训练效果更好。利用虚拟情境对智障儿童的技能训练成为特殊教育学校常用的手段，如苏州工业园区仁爱学校进行了虚拟情境下的生存技能训练，宝鸡特殊教育学校开展了虚拟情境下智障儿童语言技能训练，都取得了较好的效果。

1.2.2.4 行为矫正

所谓行为矫正，通常是指针对儿童身心障碍或问题儿童具体问题，进行连续性改变，以促进其正向行为产生的一系列方法。行为矫正属于对人类行为进行分析和矫正的心理学领域。行为矫正首先对人的行为进行分析，而人的行为往往与他所处的社会环境、家庭环境有关。当代著名心理学家班杜拉曾指出，人类的行为与动物不同，动物是通过直接强化的过程获得，而人类是个体与环境相互作用的结果，行为、环境对个体行为会产生重要影响。积极行为理论指出，人类的行为是有原因，特别是对不良行为与消极行为要进行归因，以进行有针对性的矫正。在特殊儿童的行为矫正中，还有因身心残疾造成的行为问题，如脑瘫儿童的运动平衡性与协调性矫正，自闭症儿童的自我刺激行为矫正，语言障碍儿童的发音矫正。通过行为矫正，以达到改进其生活的某些方面的目标。

虚拟情境技术很早就已引起心理咨询与治疗领域的关注，虚拟情境暴露疗法是现实情境暴露疗法的替代性治疗形式。研究表明，该疗法对于幽闭恐惧症、恐高症等焦虑障碍是有效的。被试者经过治疗后，能够重新获得对情境的控制感。暴露疗法结合功能性磁共振成像用于心理治疗，是未来的发展方向。在 VR 环境中，特殊儿童可以充分调动视觉、听觉、触觉等多种感觉进行学习和训练，不仅能够弥补传统教学方式和康复治疗的不足，更提高了安全性和实效性。国内外研究者与实践者在肢体障碍儿童的肢体康复训练、视力障碍儿童的视觉康复训练、自闭症儿童和智力障碍儿童治疗等多个领域都开展了富有成效的研究。

虚拟情境可有效增强行为患者的主观体验，帮助其疏解情绪，成功走出心理阴影。国外这方面已有了很多尝试，具有行为矫正功能的虚拟情境正被越来越多地应用。从实验效果来看，虚拟情境在心理治疗上的应用前景十分广阔。美国得克萨斯大学的自闭症治疗中心，旨在改善自闭症患儿社会行为技能水平，该中心通过虚拟情境模拟面试、交友等情景，让患儿在轻松的环境中体验各类社交活动，促进其进行情感表达与沟通，以促使他们更快融入社会生活中。对参与矫正的自闭症患儿的脑部扫描发现，与社会理解能力有关的大脑活动区域，其活力有显著提高。另外，还有研究指出，借助虚拟情境可以为心理恐惧儿童创建一个可控、针对性强的仿真环境。把患儿置于恐惧的来源中，使其可以打破逃避心理，勇敢面对恐惧，甚至练习应对策略。如英国纽卡斯特大学研发的 Blue Room 系统，即利用虚拟情境治疗恐惧症。他们以 9 个 7～13 岁的男孩作为实验对象，让其置身全息影像世界 Blue Room 中，周围播放着此前对孩子造成心理创伤的画面，而开展实验的实验人员会在蓝屋里对孩子进行心理矫正与情感陪护。结果显示，9 个孩子中有 8 个能很好地应对恐惧情境，其中 4 人因此完全消除了心理阴影。

在特殊教育领域，虚拟情境能较好地改善自闭症儿童的刻板行为矫正、言语矫正等。研究指出，虚拟情境是提升自闭症儿童语音发育、社交和学习等技能的有效方式。Cho 等人通过对比实验，发现虚拟情境对智障儿童注意缺陷的训练和康复具有显著的效果。基于虚拟情境的智障儿童行为矫正在特殊教育领域应用前景广泛，许多特殊教育学校开展了相关的教育康复实践。由于在虚拟情境下的教育康复具有良好的趣味性，化解了传统康复训练的机械与乏味，智障儿童参与虚拟情境下的康复意愿较高，家长也持支持态度。

1.2.2.5 情感交流

情感交流是儿童发展的必要组成部分。儿童正常的情感表达与交流对儿童身心健康具有重要影响。人类的情感和认知是相互交织的，二者在人类的生命历程中相互作用。情感和认知的交汇点是人类心智的重要组成部分，在人类行为和决策中起着至关重要的作用。虚拟情境通过模拟各种情境和场景，帮助用户体验和理解情感和认知之间的相互作用。比如，通过虚拟情境，我们可以进入一个模拟的社交场景，体验人际交往过程中的情感和认知状态。我们可以观察和感受不同情感状态下的身体反应和心理反应，了解情感对认知的影响以及认知对情感的调节作用。

学校、社会与家庭要为儿童创设温暖的情感体验氛围，构建能促进其和谐发展情感交流的情境。在情境创设中要考虑儿童的情感交流目标、儿童的个性特征及需要,以创设有针对性的虚拟情境,让儿童在与虚拟情境的交互中,培养正向的情感交流方式与积极的情感体验。

“亲子陪伴”类虚拟情境是创设及应用的重要方面,《新周刊》统计显示,近年的“80 后”亲子陪伴调查,近 70%的父母因工作忙碌而没时间陪伴孩子,50%以上的父母认为“精神培养和情感交流上的陪伴”是对孩子最好的爱。有研究指出,抑郁症患者在生病期间最需要的就是情感与情绪的释放,虚拟情境可创设一种让他们情感释放的场域,能让患者身临其境,让压力充分得到宣泄,让患者找到真实的自我,去释放感情和接纳自我。由于虚拟情境的反复使用,降低了治疗成本,这也能让大部分患者都负担得起。

在智障儿童教育中,情感上的交流成为一种情绪抚慰方式。Bartoli 等在比较多种虚拟情境设计时发现,在虚拟情境教学完成后,常伴随一种正强化物,如被试者每完成一个游戏,都会获得游戏自带的奖励,如获得掌声、鼓励的语言、成绩提示等。虚拟情境一般以虚拟导师的身份与智障儿童进行友好、平等的人机教学互动,克服了智障儿童在现实情境中胆小、内向等情感不利因素。近年来,虚拟宠物也在特殊儿童情感交流中起到一定的作用,如在“虚拟宠物”(Bit Beast)中,智障儿童每天定时给虚拟宠物喂饭,帮其洗澡,陪伴其玩耍,自己的不良情感情绪也在这种互动中得以平复。

1.2.2.6 艺术创作

我国《3~6 岁儿童学习与发展指南》从 5 个领域提出了促进儿童健康发展的指导性意见,其中就对艺术领域提出了明确的要求,其目的是为儿童后继学习和终身发展奠定良好的素质基础。在艺术领域,建议为儿童创造机会和条件,支持儿童自发的艺术表现和创造;提供丰富的便于儿童取放的材料、工具或物品,支持儿童进行自主绘画、手工、歌唱、表演等艺术活动。对儿童进行艺术教育在国际上受到普遍推崇,比如美国的“STEM”教育到“STEAM”教育的演变中,多出的一个“A”正是“Art”的缩写。STEAM 教育就是要培养儿童在科学领域、技术领域、工程领域、数学领域与艺术领域五个领域的关键能力,其中科学能力能够帮助儿童认识世界发展的规律;工程与技术领域知识则能够帮助儿童促进社会进步;艺术领域知识则能给人们的生活方式以美好的形式存在;而数学则能为前四种关键能力提供思维方法与分析工具。美国国家研究院研究发现,促进学生艺术素养的提升,能有效提高其他四个领域的能力,因此运用多种形式促进儿童的艺术素养成为一种教育选择。

虚拟现实技术在不断进行完善和更新,并在多个艺术领域作为创作和表达的一种形式,如游戏、电影、绘画等。谷歌推出的一个虚拟情境软件"Tilt Brush",以满足儿童在虚拟情境绘画。再如,TimefireVR 推出的一款虚拟城市 VR 游戏 Hypatia,儿童可以观摩商店艺术品,参与绘画、雕刻等创作活动,还可以一起演话剧,并参与虚拟摄影。

由于智障儿童的智力因素,在文献梳理中没有发现运用虚拟情境对智障儿童进行艺术创作的教学案例。但是在特殊教育学校中,具有艺术创造潜能的儿童可以通过虚拟情境进行基本素养的提升,研究者曾经利用一款"舞力全开"(Just Dance Kids 2014)虚拟情境对智障儿童进行舞蹈动作的创造力教学,获得了良好的教学效果。

1.2.2.7 体感游戏

游戏代表着儿童的自由、天性与潜能,教育家们都试图把游戏看作教育中有效的教育手段。洛克认为,儿童是天生的游戏者,游戏有利于儿童身体和情绪情感的发展。福禄贝尔指出,游戏不仅锻炼了儿童的身体力量,而且使儿童的精神和思想得到升华。体感游戏是一种通过肢体动作变化来进行(操作)的新型交互式电子游戏,是虚拟现实技术在教育领域的重要应用之一,是虚拟情境的重要内容。体感游戏作为虚拟情境中的一种呈现形式,对儿童身体功能发展与智能发展具有很好的促进意义。

体感游戏在培智学校教育康复中有广泛的应用前景。其一,情绪行为问题是阻碍培智学校社会化发展的一大障碍。情绪是人对环境刺激产生的心理状态和态度体验,智障儿童情绪行为问题的产生在很大程度上是由于其无法适应所处周遭环境所引起的。而基于虚拟现实技术的体感游戏能够根据需求创设不同的三维虚拟情境,为培智儿童提供一个最适应、最舒适的训练环境，大大降低其情绪行为发生的概率。同时，在以游戏为主导的训练中，培智儿童追求游戏成功体验的动机，会逐渐超越其对周遭环境的关注度，因此在游戏中逐渐转变其所处环境并不会使培智学校感到不适应。部分培智儿童对周围环境非常适应，因为在虚拟现实体感游戏中已经体验过太多不同的环境。其二，社会交往是培智学校面临的又一大问题。自闭症儿童在很多情况下不懂得如何社交，其习得的社交技能大多是工具性的社交行为，只是为了达到某种目的而进行的社交，他们并不懂得社会交往中的经验分享所带来的乐趣。而虚拟现实体感游戏能运用各类传感器实现多种形式的人机交互，包括口头语言、肢体语言、面部表情等，让培智儿童学会简单的工具性社交技能。与此同时，通过参与多人游戏，培智儿童与同伴间的合作交流很好地激发了儿童基于经验分享的社交行为动机，进一步发展其社会交往能力。

体感游戏在特殊教育领域应用前景广泛。在体感互动技术创设的游戏情境中，儿童能身临其境以最直接、最接近自然的方式进行学习。英国诺丁汉特伦特大学通过体感游戏干预智障儿童的学习能力，实验数据显示：92%的学生表示他们喜爱利用虚拟情境游戏来辅助他们的学习；93%的学生认为，虚拟情境能有效提高他们的学习兴趣；87%的学生认为，体感游戏帮助他们获得了在日常学习中难以学到的东西，拓展了他们的学习视野，丰富了学习内容。鉴于体感游戏人机互动符合智障儿童天性，使其脱离呆板的学习模式，在促进其手眼协调，智力开发、脑力锻炼、体质增强等方面有巨大潜力，2014 年 10 月，荷兰亚欧国际论坛以“3D 虚拟技术在教育康复实践中应用”为主题，作者所在学校与新加坡南洋理工大学在会上将合作研究成果《Kinect 体感游戏在自闭症学生社会化发展中的实践》作了大会主旨交流，成功利用 Kinect 体感游戏的人机交互、竞技合作、情感体验等功能在改善自闭症儿童社会性发展障碍等方面进行实践探索，引起国际特殊教育同行的重视，继而与多所科研与教学单位在理论建构、教学实践、技术应用方面展开了多项合作。

1.2.3　基于虚拟情境的智障儿童教学研究的可行性分析

由虚拟现实、增强现实与混合现实所创设的虚拟情境，从工学视角上来看，可以理解为一种技术、一种产品；从传播学的角度分析，又可以理解为一种媒体、一种信息；从教育学的领域分析，虚拟情境为儿童学习提供了一种新型的媒体，提供了一种全新的学习方式，已然成为新一代信息教学系统的重要组成部分。把虚拟情境作为教学系统的重要组成部分是现代教学的一个时代思想。近年来，学界日益倾向于把教学视为由相互关联的要素组成的具有特定功能的复合体，这些要素具有特定的特征与功能。因此，分析、把握虚拟情境的基本特征，有助于形成信息化环境下整体教学观。

1.2.3.1 虚拟情境的特性契合智障儿童学习方式分析

立足教育学“场域”来看待虚拟情境的要素及特征，我们可以发现，虚拟情境的“3I”特性，即沉浸性（immersion）、交互性（interaction）和构想性（imagination）与智障儿童现代学习观有良好的耦合性，能契合智障儿童的身心特征，满足智障儿童体验式学习、自主性学习、合作式学习、探究性学习需要，体现了信息化环境下智障儿童教育康复的时代特征。

第一，智障儿童沉浸在虚拟情境性中产生现场感，是一种体验式学习。有学者认为，体验是指人们在真实情境中与种种事物接触而产生的经验。体验学习的实质就是在亲身经历的学习与探究活动中获得感受，将其纳入自身的知识体系与生活经验中，并对原有经验产生影响。在信息时代，虚拟情境已然成为情境的重要组成部分，早在2005年，梁继概就指出，学生如果不能亲身经历，也可以体验“虚拟的经历”，就是要借助信息技术“体验”虚拟的情境。所以虚拟情境下体验式学习是以儿童为主体的学习方式，体验式学习不仅强调结果，更注重体验的过程，强调儿童在体验过程中的观察、思考行动与反思，并持续性地获得知识与技能。

体验式学习可以化解智障儿童的感知觉迟钝现状。与正常儿童相比，智障儿童的感知觉通常速度缓慢、容量小，这主要是由于他们的大脑皮层不善分析和综合，对输入的信息要花费比正常儿童更多的时间进行加工。另外，智障儿童在感知觉方面缺少积极性，与正常儿童相比，智障儿童在感知物体时，往往缺乏应有的好奇心，缺乏深入观察与体验的意愿；再者，智障儿童不能拥有持续的注意力，注意力短暂且稳定性差，因此培智学校的教师在教学中要不断变换刺激方式，以引起他们的注意。

第二，虚拟情境的交互性体现了个体、行为和环境的三者交互决定论思想。虚拟情境的交互性在智障儿童自主学习、合作学习中起到了中介作用。在虚拟情境这个“学习场”中，由于虚拟情境情节设计的牵引，儿童的学习积极性和能动性得到激发。虚拟情境促进了儿童正向行为的改变，在虚拟情境在与儿童的交互中，儿童行为必须与虚拟对象发生交互才能促进活动的正常展开，所以，虚拟情境具有示范作用。儿童在观察与模仿中，正向行为得到塑造，不良行为得到矫正，所有我们看到的问题行为儿童的矫正中，都可采用该教学方式去矫正他们的不良行为。

虚拟情境的交互性还能促进智障儿童的合作学习。交互性不仅发生在个人与虚拟情境之间，还可能发生在多个同伴与虚拟情境之间。在具体情境下，儿童根据虚拟情境的设计可以分角色合作互助，可以与同伴竞争。在活动中，儿童必须遵守活动规则，因此儿童的规则意识、合作意识、群体意识得以建立。儿童在与同伴共同学习或游戏中，不仅获得了知识，良好的人格也得到培养。另外，因儿童在与虚拟情境的交互中需要身体的参与，他们的身体素质与功能也能得到较好的强化。

虚拟情境的交互性可以有效改善智障儿童的个性与行为特点。由于智障儿童的生活经验有限，参加的社会活动又少，心理过程发展迟缓，因而其个性的发展也受到影响。茅于燕曾概括了智障儿童的八大特点：① 独立自主能力差；② 在集体中不大会做事；③ 同伴之间的相互关系简单；④ 自我意识差；⑤ 固执；⑥ 是非观念薄；⑦ 经常有不可控制的冲动，不顾及他人；⑧ 缺乏自信。虚拟情境设计中往往包括生活化、社会化题材，内容丰富，培智学校正好可以借助这一媒体与内容开展教学干预，通过情境牵引，让智障儿童开展自主学习、合作学习，同时还能获得身体功能的康复，促进其全面发展。

第三，虚拟情境的构想性凸显了儿童学习的探究性和实践性。虚拟情境为智障儿童学习提供了丰富的学习内容，能较好地满足其在具体情境中的探究与实践。信息化环境下的探究性学习强调儿童对信息的理解、利用和处理，它关注的是儿童全面、均衡的发展。由于智障儿童的思维水平处于具体形象思维阶段,通过身心一体的交互来促进智障儿童科学思维训练将是未来虚拟情境教育的发展方向。在虚拟情境创设中,要把智障儿童所要探究的知识与技能融在具体情境中,以多种方式呈现,将智障儿童的感知与体验、探究与操作融合为一。智障儿童可以在具体情境中,根据学习内容对学习对象进行研究、试验、操作、调查等,通过具体实践性操作强化探索欲望,以提高他的探索能力,掌握科学方法。

虚拟情境的构想性可以为智障儿童提供探索的源泉。智障儿童的思维特征是以直观思维为主,分析、综合和抽象能力差,概括能力低,难以理解事物的内在联系,思维活动的内容贫乏。结合具体的虚拟情境,智障儿童可以根据具体要求,跟随虚拟情境情节展开进行实践与探究。他们在结构化情境中不断探究、不断实践,理解力、分析、综合能力也不断得到提升。特别需要提出的是,由于虚拟情境是一种信息的媒体与资源,它可以让智障儿童反复观察使用,多方位、全程或截取其中的一部分反复体验与实践,这样就化解了真实情境中难以保存、稍纵即逝、不易再现的弊端。因此,虚拟情境能满足智障儿童按需学习、随时学习、反复学习的需要。

1.2.3.2 虚拟情境呈现方式满足智障儿童教学的可行性分析

虚拟情境由虚拟现实技术、增强现实技术与混合现实技术所创设。虚拟情境破解了在传统情境教学中的设备、学习场地、教育经费等各种软硬件条件的限制,也规避了在传统教学操作或真实实验中带来的各种不可预知的因素。它将被动接受知识转变为主动式体验学习,通过情境化体验,为智障儿童打造全方位的现代化教育康复新模式。

根据虚拟情境的呈现形式不同,可以分为裸眼呈现方式、头戴式呈现方式、iPad 呈现方式与智能手机呈现方式四种。

裸眼呈现方式。裸眼呈现方式对智障儿童来说最大的优势是自然地体验人机交互,克服了智障儿童对虚拟情境设备产生的陌生感与排斥感。体感游戏平台是一种典型裸眼呈现方式的虚拟情境,智障儿童可直接通过虚拟情境平台对人体定位,用身体动作操作。由于价格低、技术成熟,裸眼呈现方式现已成为特殊教育学校引进较多的一种教育康复方式。由于裸眼呈现类虚拟情境教学类型多样,包含益智类、休闲类、运动类、探究性等，内容比较丰富，因此在智障儿童教育康复受到了教师与家长的欢迎。一方面，裸眼虚拟情境能为智障儿童带来多感官刺激，从而增强了他们的学习效果，帮助其认知能力和学习能力的提升，促进其日常功能的提高。

头戴式呈现方式。头戴式呈现方式主要包括 VR 眼镜与 VR 头盔两类，头戴式呈现主要给用户以更加逼真的 3D 体验效果，智障儿童带上头戴式虚拟情境设备，可以以立体的呈现形式体验虚拟情境中的对象，增加了逼真效果。头戴式呈现方式的优点是通过头戴虚拟情境设备，把智障儿童的眼部进行有效的包围，让其专注于所交互的虚拟情境中，克服其注意力不集中的弊端。但是头戴式呈现方式也有不利因素，智障儿童在佩戴时可能因为不适应排斥并拒绝使用，甚至损坏设备，这些都是教师在教学与训练中应该预判的。

iPad 呈现方式。iPad 在使用过程中最大的优点是携带方便，移动性能好，系统界面友好。iPad 现在又增加了增强现实呈现功能，能让智障儿童更加直观、立体、全面地感知所学的知识。比如，在探究青蛙的生理结构时，智障儿童无须对真正的活体青蛙进行解剖，在 iPad 呈现的“解剖青蛙”虚拟情境探究中用手指触摸关键感应点，就会展现青蛙的皮肤、肌肉、神经、骨骼、内脏等器官。这种虚拟情境下的体验与学习解决了现实情境下难以实现的状况，较好地促进了智障儿童科学素养的提升。

智能手机呈现方式。以智能手机为平台的虚拟情境，通过下载虚拟情境的 App，就可进行学习，如 HUAWEI P20 搭载了强劲的 AR 功能，让学习者在聚焦学习对象后有更直面、全面的多媒体信息，提升学习效率。

由此可见，虚拟情境平台已经能为智障儿童教育康复提供基础性设施。

1.2.3.3 虚拟情境在智障儿童教学中的适用性分析

通过虚拟情境的教育应用可以看出，近年来虚拟情境已在学习体验、科学探究、技能培训、行为矫正、情感交流、艺术创作与体感游戏等领域开始应用，内容也逐步丰富。从特殊教育学校走访中也可看到，虚拟情境已成为学校信息化建设的组成部分。培智学校在开展虚拟情境下的教育康复探索中逐渐体现了以下适用性。

(1) 具身参与,学习效果更加明显

虚拟情境系统平台具有实时动态捕捉用户交互节点信息、接收麦克风输入的语音指令等功能。这在智障儿童的教育康复应用中,较好地激活了智障儿童的视听觉敏感度。智障儿童通过肢体与虚拟情境产生交互,并在虚拟情境的牵引下做出相应的动作反馈,有效提升了康复学习效果。由于虚拟情境的多感官的刺激功能,能够让智障儿童从视、听、触觉多通道同时接受信息,因此在促进信息有效吸收的同时,还提升了智障儿童的感觉统合能力。

(2) 以生为本,教育康复更具主动性

虚拟情境实现了教学重心的转移,从以教师为中心转向以学生为中心。在传统的教育康复中,教师处于主导地位,学生接受教师施加的教育康复。而在虚拟情境下的教育康复中,由于虚拟情境中的"虚拟导师"牵引,学生在与虚拟情境交互中,能积极主动地参与到虚拟情境活动中,通过反复探索尝试,最终习得方法与技能,学习的主动性得到进一步的提升。

(3) 形式新颖,表达方式更加多样化

在传统情境教学中,学生一般通过语言、文本、表演来表达思想与沟通感情,而虚拟情境下,知识与技能可以通过肢体运动来体验与感知,进而理解与运用,这种方式较传统方式更加新颖。例如,在传统的教师指令下,智障儿童在感觉统合训练时,很难实时理解教师的意图;而在虚拟情境下,"虚拟导师"指导智障儿童通过肢体动作来实现探索与尝试,在不断地探索中,智障儿童的知识与技能得以强化。

(4) 使用简单,学习体验更加愉悦

虚拟情境平台一般具有简单的操作方法,不论是性价比,还是资源内容的丰富性均可以给智障儿童带来愉悦的体验感。比如,虚拟情境中多彩的画面和卡通人物都是智障儿童喜闻乐见的。虚拟情境由于是人机交互,大部分指令都可以通过肢体动作来完成,不必输入烦琐的计算机指令,智障儿童在操纵虚拟对象时,可以随心所欲地通过肢体的变化来改变虚拟对象的行迹和动作,或通过肢体动作来探索事物的特征,这些虚拟情境的优越性能让智障儿童带着愉悦的情感投入到教育康复活动之中。

从虚拟情境与智障儿童学习方式的契合性、虚拟情境内容的呈现性及虚拟情境的适用性三个方面分析可以看出，虚拟情境作为新一代信息技术在特殊教育中的创新研究与实践，具有一定的前瞻性，正在拓展及改变着智障儿童传统的教育康复方式。虚拟情境平台及其相关教育康复课程资源共同组成了一个全新的学习“场域”，经由教学干预与科学评价，对虚拟情境在智障儿童教育康复中的理论基础、课程设计、教学实施、干预评价等特殊教育课程与教学的基本原理及实践方式进行研究，将有助于特殊教育课程与教学改革的良性发展。

1.3 核心概念界定

1.3.1 培智学校

培智学校是特殊教育学校的一个分支，属于国家九年义务教育体系，是指主要为智障儿童和青少年提供集学前康复、义务教育、转衔教育、职业培训于一体的教育服务的学校。

培智学校通常提供普通教育、康复训练以及初级职业技术培训，旨在帮助智障儿童和青少年补偿缺陷、提高生活技能，并为其未来的就业或融入社会做准备。此外，培智学校也注重学生的社会融合能力和生活自理能力的培养，通过认知教育方法，教导学生文化知识，并鼓励学生参加社会活动以提高他们的技艺发挥能力。

1.3.2 智障儿童

智障儿童通常指 18 岁以下智力发展性障碍儿童，其智力商数(IQ)与健全儿童相比较低，一般是在 75 或 70 以下，需要学校、家庭提供全面与持续的支持。

在特殊教育学校招收的智障儿童中，不仅包括单纯的智力落后儿童、自闭症的儿童，其中智力落后自闭症儿童约占自闭症儿童总数的 70%，还包括伴有脑瘫的智障儿童。由于智障儿童多伴有多重残疾，导致其智能发展与教育康复水平较低,评估也不周延,这已成为制约我国特殊教育整体发展的瓶颈。

1.3.3 虚拟情境

虚拟情境是情境类别的新拓展。虚拟情境由虚拟现实技术创设。虚拟现实是以计算机技术为核心,结合其他相关科学技术,生成与一定范围现实世界在视、听、触觉等方面高度近似的数字化环境,人们通过一些交互设备与该数字化环境进行交互,能够产生亲临现实世界的体验。伴随虚拟现实技术的研发与应用,由其创设的虚拟环境、虚拟情景、虚拟情境等概念也不断出现在各类文献中。通过分析文献学科归类可以发现,从信息科技的领域来讲,使用较多的是"虚拟环境、虚拟情景";从学校育人功能来讲,教育学界比较认同、接受与应用的概念是"虚拟情境"。

近年来,虚拟现实技术进一步发展,其谱系开始涵盖增强现实,即将虚拟环境与现实物体叠加合成为一体;混合现实即在自然现实中融入虚拟现实元素。如今,学术界一般把真实世界、虚拟现实、增强现实、混合现实相关技术统称为虚拟现实连续统一体。由此,本书所指的虚拟情境是以 VR、AR 或 MR 技术为核心,设计开发与真实情境在视、听、触觉等方面相似的纯虚拟情境,还包括将自然的、现实的信息与虚拟信息融合于一体的增强虚拟情境及混合虚拟情境。

1.3.4 可视化评估

可视化评估是指虚拟情境下智障儿童课程评量、教学实施、学习与发展的直观呈现的一种数字化表达形式,是对智障儿童学习与发展状况的一种可视化表达。本研究中可视化评估主要体现在以下三个方面。第一,课程可视化评估:包括课程评估列表、新增课程评估、不同学生评估对比以及同一个学生的不同学期评量对比等,从各项评估中可以看出学生在课程方面的变化与延伸以及学生个别化教育课程设置情况等。第二,教学实施可视化评估:包括智障儿童在教学实施中所属的班级、学科、教学设计、教后反思、任教老师、周次、节次等,该评估能全面跟踪智障儿童的教学实施情境。

第三,虚拟情境在设计中具有智能捕捉、数据统计功能,通过文字、声音、动画等形式对智障儿童进行实时可视化评估报告。另外,在实验分析部分,采用阶段内和阶段间的视觉分析法和简化时间序列 C 统计对研究结果进行可视化分析,也体现了可视化评估的内涵。

第2章 研究设计及理论依据

基于虚拟情境的智障儿童教学研究问题设计是在政策背景、技术背景与现实需求的驱动下，在相关的技术发展、文献调研、教学应用的基础上不断分析与反思，逐步聚焦与明晰的。本章研究问题设计的主要思路是：运用教育技术解决面向虚拟情境的特殊教育课程与教学的基本原理探析与实践问题，研究特殊教育领域的根本特征与规律，彰显其研究的理论与实践意义。理论依据为问题研究提供了方向性与策略性指导，是本研究中课程设计策略、教学方式运用、干预评价方法的学理来源。研究路径、研究方法是研究内容得以推进的有效保障。

2.1 研究问题

从基于虚拟情境的智障儿童教学亟待解决的诸多问题来看，需要研究的问题很多，但总结起来，主要分为两大类：一类是虚拟情境技术发展与领域应用的历史审视、现实考察及其学理呈现，通过梳理与综述分析，可为实践供学理依据及研究基础。另一类是本领域的实践研究，在已有的研究基础上，主要思考通过相对整全的设计研究进行虚拟情境下智障儿童的教学干预前评估、教学目标拟定、课程设计、教学干预、实验评估等。

特殊教育是对特殊儿童和青少年实施的教育，在教育过程中，需要使用一般的或特别设计的课程、教材、教法、组织形式和设备。在我国，特殊教育的主要对象是盲、聋与弱智三类。盲、聋校课程设置依据 1993 年制定的《全日制盲校课程计划》(试行)与《全日制聋校课程计划》(试行)。弱智学校课程设置依据 1987 年制定的《全日制弱智学校(班)教学计划》(征求意见稿)。

根据三类课程与教学计划,1993年由人民教育出版社出版了配套教材。

2002年10月,教育部基础教育司决定启动特殊教育学校新课程方案和制定工作,但与之相配套的教材至今没有出版。因此,现在有的特教学校使用的仍是93版教材,也有的学校使用普校教材进行选学,问题是使用93版教材与当今现实社会严重脱节,与特殊教育高等学校招生考试内容脱离,而挑选使用普校教材又造成知识系统性与教材适切性不够,教材开发滞后已严重阻碍了特殊儿童的学习与发展。究其原因,有学者认为,这与中小学教材管理体制改革和文化体制改革没有充分顾及特殊教育教材的特殊性有一定的关系。

在特殊教育理念与教学法上,也存在较大的分歧,特殊儿童教育理念是以潜能开发为主还是以缺陷补偿为主?是以教为主还是以医为主?在具体教学法上也有分歧,如在聋校,长期存在口语教学法与手语教学法之争,并且在具体的教学模式、教学设计上也没有形成完整的教学理论与实践指导。中国残疾人联合会主席程凯指出,与普通中小学教育相比较,特殊教育的差距还是很明显的,主要体现在特殊教育中盲、聋与弱智三类课程与教材陈旧、教学设备落后、缺乏质量评价标准和监督评估机制等,这些因素都影响着特殊教育质量的提高。

本研究试图进行较为完整的课程与教学设计研究,研究思路拟依循“研究现状→课程设计→教学实施→干预评鉴”等四个主要环节展开实践研究。

2.1.1 虚拟情境研究进展及其教育应用探析

虚拟现实技术在教育中的应用产生虚拟情境这个概念。对国内外虚拟情境创设的技术进展进行历史与现实层面的梳理,以了解技术特征及教育应用的现实可能性,从中发现进一步研究面临的问题;探析国内外虚拟情境教学理论基础,为本研究提供理论支撑;了解国内外虚拟情境创设在教育与康复领域的设计与应用案例,为本课题提供研究佐证。

2.1.2 基于虚拟情境的智障儿童教育康复课程设计

主要研究内容:通过智障儿童的历次课程改革探析虚拟情境课程的设

计路向;结合课程开发理论及其观点确定虚拟情境课程开发的理念;虚拟情境课程设计的基本要素探析;虚拟情境课程内容的基本组织方式。

2.1.3 基于虚拟情境的智障儿童教学实施

主要研究内容:设计开发基于虚拟情境的智障儿童教学实施的数字化平台载体;对“潜能开发”教育类教学实施与“缺陷补偿”康复类教学实施分别进行相关的概念、特点、策略方面三方面的讨论,并提出具体的教学方式及教学实施样例。

2.1.4 运用虚拟情境干预智障儿童教学的实证分析

主要研究内容:通过特殊教育常用干预方式比较,确定本研究的实证分析策略与方法;本章研究思路是采用过程性评价与形成性相结合的原则,分别对虚拟情境改善智障儿童上肢运动能力的单一被试实验来进行过程性实证分析,对虚拟情境改善智障儿童上肢运动能力的ICF-CY评估进行形成性实证分析。

2.2 理论依据

虚拟情境已然成为智障儿童教育康复的场域。本研究理论来源主要是教育学与心理学方面的情境教学、具身认知、个别教学等理论基本思想。情境教学理论研究与实践探索证明了情境教学能改变儿童学习处于被动接受的现状,实现了“儿童主动学、乐学,提高教学质量,获得全面发展”的目标。运用虚拟情境对智障儿童进行康复的研究与探索也具有学理基础,主要依据体现在:具身认知理论认为,儿童认知具有涉身性、体验性及环境嵌入性特征,这与虚拟情境下学习的沉浸性、交互性与构想性有一定的契合性,具身认知理论确立了身体和体验在认知与学习过程中的合法地位。个别学习理论认为,应该针对儿童个体差异与个性特长,开展“一人一案”的因学施教。个别学习理论为智障儿童在虚拟情境学习提供了的思想与内容设计的依据。多元智能理论针对智障儿童的优势潜能设计有针对性的个别化教育，以优势潜能的提升带动其他方面的功能改善，为促进学习的有效性提供了设计理念。远程教育理论为智障儿童创设远程教育环境，化解智障儿童身心缺陷，缩减其学习障碍，为其能在信息化环境下进行人人皆学、处处能学、时时可学等思想提供了技术路线。

2.2.1 情境教学理论

情境教学理论与实践在我国基础教育领域取得了卓越成就，被广泛地认同、遵循和发展，其教学方式也呈现出更加丰富多姿的样态。虚拟情境教学是情境教学理论与实践的时代拓展，其中心思想是促进儿童身心和谐发展。情境是儿童认知活动的教学条件与媒体支撑，情境教学就是通过创设典型场景激起智障儿童的学习情绪，把教育康复活动和情感活动结合起来的一种教学模式。从学习要素的系统建构来看，"儿童"与"情境"是学习系统中的两个重要因素，是相互支撑与不断互动的，智障儿童的概念掌握和技能获得只有在具体情境中，才能充分发挥出其积极意义。情境教学有比较系统的理论架构。在我国，情境教学受到"意境说"的影响，是经过不断加工和实践创新而总结出的一套教学理论与方法体系。

从两个概念逻辑关系上来辨析，情境教学与虚拟情境教学二者是包含与被包含的关系，情境教学是上位概念，虚拟情境教学是下位概念。从教育信息化发展进程来看，技术无处不在，也将更智能和更具社会性，不仅改变着我们与环境的互动方式，还在我们的情感关系中创造出越来越多的真实和半真实的自我表征。虚拟情境教学是情境教学在信息时代的新拓展，是儿童情境教学研究与实践的新领域。

由此，研究虚拟情境教学要扎根其上位概念理解，深入探析与情境教学相关的研究与成果。通过文献梳理分析，情境教学理论探索所依据的是文学、美学、心理学、教育学、学习科学、脑科学等诸多学科的基础理论。

从文学方面分析，在情境教学的探索过程中，中华民族传统文化给予情境教学深厚的理论滋养，特别是"意境说"理论。中国南朝理论家刘勰的《文心雕龙》以及近代学者王国维的《人间词话》，可谓"意境说"的代表杰作，是中华民族文化的经典，其精髓可概括为情景交融、境界为上，阐述的内容精湛而丰厚。“意境说”虽然原本是文学创作的理论，或更确切地说是“诗论”，但在探索情境教育的过程中，却可“借古人之境界为我之境界”。“意境说”不仅为小学语文情境教学提供了理论支撑，而且进一步支撑了整个情境教学的研究与情境课程的开发，显现出勃勃的生命力，并展现出更宽广的美好前景。

从心理学方面分析，林崇德认为，如何促进儿童智能及心理品质的发展，是心理科学尤其是发展与教育心理学关注的一个重要理论问题。李吉林提出的情境教学，阐述了形象思维与抽象思维的关系，而且在情境教学与儿童发展的关系问题中又指出要发展儿童的语言、形象思维和抽象思维。情境教学认为，要在情境中让学生的视觉、听觉、感受和思维同时，让学生的记忆里不仅留有抽象的表象和概念，而且要有情感和内心感悟，让学生在最佳的心理状态中进行形象思维活动，在此基础上，通过教师的诱导，逐渐学会分析、综合、比较、抽象、概括，从而发展他们的抽象逻辑思维。

从教育科学方面分析，明确情境的内涵和特征固然重要，但最为关键的是如何付诸实践。情境教学之中的情境，已不是一般意义上的客观环境，而是“人为优化的环境”，无论是形象的真实性、情感的感染性，还是审美的愉悦性、意境的广远性，都需要进行精心建构。李吉林总结了情境建构的主要途径，包括实物演示情境、生活展现情境、图画再现情境、音乐渲染情境、表演体会情境以及语言描绘情境。学生沉浸在教学情境的生成与变化中通常有四种状态：第一种是教师创构情境，学生并不入境；第二种是教师创构情境，学生顺利入境；第三种是教师创构情境，学生不但顺利入境，而且在教师的指导或激发下积极参与情境创构，同教师一起为情境的不断生成与变化增砖添瓦；第四种是教师只对学生予以最初的激发与启发，其后便主要由学生群策群力，充分发挥主动性、想象力和创造力，不断提供、不断添加、不断调整，从而创构出自己所需要与喜欢的情境。

情境教学理论指出，教师要有童心，教师要想为学生创构有利于他们主动、生动且高效学习的情境，就得知道儿童究竟需要什么、喜欢什么、能做什么、适合什么；就得努力用儿童的眼睛去看，用儿童的耳朵去听，用儿童的嘴巴去说。这一切，都要求教师有一颗不泯的童心；要求教师不只是一个“成人”,而且其自身也是一个“儿童”。

从脑科学领域分析,脑与神经认知科学的飞速发展以及脑科学研究成果的不断涌现,为情境教育提供了新的理论给养,也从脑科学的最新成果中初步印证了情境课程之所以获得高效、儿童之所以能快乐学习的缘由。李吉林的研究指出,情境教学之所以会获得高效,是与情境是丰富的、安全的又可参与其中的环境,以及能激起积极情绪,使儿童的脑释放出大量的神经递质,提高神经元联结的频率,并打开记忆的通道,产生情绪记忆都是分不开的。他还指出,情境教学提供一种凭借,以营造一种氛围,让知识镶嵌其中,最终利用情境唤醒、发展学生的潜能,让学生在其中进行一系列的思维、联想和想象的活动。

2.2.2 具身认知理论

卢梭指出,儿童身体感觉运动能力是促进其智能发展的基础和前提。加德纳认为,儿童应通过身体动觉智能的培养进而增强人的自主性。具身认知理论是第二代认知科学理论,该理论是在对传统“重心轻身”或“身心二元”等离身认知思想的批判的基础上产生的。第二代认知科学强调身体对心智或认知的塑造,关注大脑、身体与环境的交互作用,关注身体在个体早期发展中的作用,重视心智的感觉运动加工及其协调在高水平认知和抽象思维形成过程中的作用,因此也被称为具身认知科学。具身认知的核心观点认为,儿童的身体是其认知世界的主体,儿童的心智是植根于身体的心智,儿童认知的过程实际上是身体探索认知的过程,儿童认知是在身体与世界的相互作用中丰富起来的。智障儿童在虚拟情境下对情境进行实时构造与想象,促进了他们对知识探索与技能训练强化,也激发了他们科学思维的培养。

具身认知观点还认为,认知在很大程度上是以人的身体及其与环境的交互作用为基础的。身体的构造、感觉器官与运动系统的活动方式决定了人的学习、认知和心智的产生与发展。具身认知观对儿童早期教育理论建构和实践具有重要意义。第一,具身认知观把儿童早期(感觉运动期)的认知视为即时的、在线的和整体的,是通过身体在具体环境中的行动加以实现的。第二,感觉运动活动在儿童早期发展中占有重要地位。身体的感觉运动活动或协调构成了儿童认知和学习的基础。感觉运动协调是从婴儿到成人的发展过程中最重要的作用程序之一,构成了多种学习的基础。第三,儿童与外界事物的交互、与环境的交互、与他者或社会的交互是密切联系、高度统一的。

心理学研究表明:0～7岁的儿童是个体神经系统结构发展的关键期,是个体心理发生发展的关键期,是生理发展、知觉发展、动作发展的关键期。这一时期个体神经系统的可塑性较大,对外界环境的适应能力较强,如果在这一时期对特殊儿童的个体及时实施恰当的教育,有利于个体生理机能的重新组合,有利于身体各种机能的代谢,有利于损伤器官的矫正和康复。

由此,对特殊儿童进行早期教育,有利于他们缺陷的最大程度的补偿,有利于他们潜力最大程度的发挥,有利于他们身心最大限度的发展。智障儿童知觉的恒常性比普通儿童差,同一事物放在不同的环境里,他们往往不能辨认出来。在记忆发展方面,智障儿童存在识记速度慢、保持不固定、再现困难等现象;在思维想象方面,智障儿童思维长期停留在直观阶段,缺乏分析综合和概括能力,思维刻板。此外,智障儿童注意力不集中,注意的稳定性与持久性差,注意分配和转移能力差,注意广度有限。他们主要依靠听觉、触觉和嗅觉加以补偿。智障儿童与普通儿童一样,需要大量感觉运动功能的训练。首先,加强感觉运动功能的培养。感觉运动功能是一切智慧的基础,没有感觉运动的能力,就无法形成时空观念。其次,加强听说能力的培养。先扩充智障儿童的听觉记忆广度,使他们的听觉记忆能力增加,使他们的言语句子增长。然后再配合感觉运动及视觉经验充实语言内容。最后,提升视觉功能。让智障儿童将物体形状、颜色的辨别能力和通过运动所获得的方向感、距离感、空间处理能力运用于文字的书写上,然后逐渐进入到复杂的阅读中,从而形成抽象的语言认知能力和心智认知能力。

2.2.3 个别学习理论

儿童获得知识与技能是在特定的情境中习得的,这里的特定情境是指与儿童个别化学习相关的情境。按照教学形态来分,相对于班级学习和小组学习,基于虚拟情境的儿童学习属于个别学习范畴,是兼容了内容之知、方法之知与体验之知的综合性学习。钟启泉指出,儿童信息化情境下的学习,是一种个体行为,不是集体行为,在教学中要针对儿童的个别差异来提供具有教育功能的虚拟情境支持。

人与人之间的个别差异是与生俱来的,也是多方面的,如智力、能力、动机、态度、个性、学习方式等。由于儿童的认知发展水平差异,生活环境与社会沟通能力也各不相同,所以他们表现出来的身心特点也有差异,他们的个别能力及个别需求有较大的不同,他们不论在个体之间还是个体内,都有着独特的兴趣、能力和学习需要。

目前,越来越多的特殊教育学校学生障碍程度重、障碍类型多,每一个特殊儿童都有独一无二的特点、兴趣、能力和学习需要,特殊儿童个别化教育教学是特殊教育优质发展的时代需要。特殊儿童个别化学习的理论倡导是从补短走向扬长,这就需要教育者要针对特殊儿童的天赋潜能及其个性差异,在合理评估其优势能力的基础上,提供扬长的个别化学习情境支持,不断开发智障儿童的优势潜能,实现以智障儿童的优势潜能的优先发展,进而带动其他方面能力的发展,从而让智障儿童学习变得更加自信与快乐。

由于特殊儿童有着与普通儿童显著不同的个别需要,如果不提供特殊的教育服务很难满足其发展需要。即使同一障碍类型的特殊儿童间也存在着很大的个体差异,接受特殊教育的个体的唯一差异是其所学习的课程内容以及教学过程的差异。满足特殊儿童的个别需要,应依据特殊儿童的现有水平、发展可能性和发展需要,制定个别的课程方案,并采取有效的教学策略。

个别教学作为满足学生特殊教育需要的教学改革实践,它不只是教学行为、教学方式的变革,而且是教学理念、教学价值观的跃升和更新。特殊教育面对的是有着独特身心障碍差异的生命个体,生命的独特性是个别教学的基点。因此,个别教学必须秉持以下三个基本理念:第一,特殊教育是关注生命独特性的教育,尊重特殊儿童生命,确认特殊儿童的生命价值,最基本的是尊重特殊儿童生命的独特性。第二,尊重生命的独特性,关键在于挖掘特殊儿童的生命潜能，充分认识特殊儿童的潜能存在的事实和价值，尽可能地发挥他们的潜能，这是个别教学努力追求的目标。第三，潜能的充分实现，必须通过教育、通过学习才能实现，它需要教育者为特殊儿童潜能发展提供个性化的教育资源，树立“以生为本”的教育性管理思想，保障个别教学目标的顺利实现。

随着信息技术渗透到特殊教育领域的各个方面，特殊教育信息化教学和学习环境已逐渐普及与成熟。《教育信息化十年发展规划(2011—2020)》指出，推进信息技术与教学融合，帮助所有的适龄儿童和青少年平等、有效、健康地使用信息技术；提供适合残障学生学习的信息化终端设备和优质数字教育资源。因此，虚拟情境教学是建立在教育数字化大背景下的教学改革，对特殊教育学校质量提升具有现实意义。

2.2.4 多元智能理论

多元智能理论是世界著名教育心理学家霍华德·加德纳在其著作《智能的结构》一书中提出的。该理论的提出对传统的智力定义和测量手段提出了挑战，拓展了对人的智能的研究领域，特别是对传统教育方法和教育评价产生了很大的冲击。多元智能理论作为一种开放性、兼容性很强的理论，鼓励人们用一种多维角度看待人的发展和教育问题，它也特别适合当今特殊教育的发展。

多元智能理论指出，每个人都拥有相对独立存在的7种最基本的智能，分别是：语言智能、逻辑数理智能、音乐智能、空间智能、身体—动觉智能、人际关系智能、内省智能。随着多元智能理论的不断发展，其智能内涵也逐渐丰富。多元智能理论对教育的启示是，每个儿童都具有在某一方面或几方面不同领域智能的发展潜力，如果教育者为他们提供了适切的教育和训练，那么，他们相应智能水平都将获得良好的发展。

培智学校儿童是在个别差异上比正常人更具有显著且多样化的学生。多元智力理论认为，人的智能是多元的，各人的智能光谱各如其面，各不相同，存在着个别差异。它的提出为分析特殊儿童的智能倾向的差异提供了理论基础。特殊教育教师应主动关注特殊学生之间的个体差异，确认其智能因素中的最强项;关注特殊学生的需要,在此基础上有效地因材施教,使每个学生的潜能都得到开发。正如霍华德·加德纳指出,对于一个孩子的发展最重要、最有用的教育方法是帮助他寻找一个他的才能可以尽情施展的地方,在那里他可以满意而能干。

根据霍华德·加德纳的观点,培智学校教育的宗旨应该是开发多种智能并帮助学生发现适合其智能特点的教学活动。与之相适应,霍华德·加德纳提出了以个别化教学为中心的学校模式。这种学校不但寻求和每个学生相匹配的课程安排,也寻求与这些课程相适应的教学方法,并力求寻找与智能相匹配的教育机会,增加了学生最大限度地发挥其智能潜能的可能性。可以看出,这种学校非常重视学生的个体差异,教学过程中真正做到了因材施教,这正是特殊教育所要追求的。

多元智能理论在指导智障儿童课程与教学改革中具有重要意义。从我国特殊教育课程与教学发展理念来看,主要经历了从关注特殊儿童的缺陷补偿,进而指向关注潜能开发,再指向潜能开发与功能改善的理念转变,这就启示我们在智障儿童教育中,要以开发特殊儿童的优势潜能为先,进而再带动其他能力的提升。在多元智能理论视野中,每位儿童都各具潜能,通过教育可以得到不同程度的发展,学校教育不应只是看到儿童的弱势智能领域,更重要的是要发现并促进儿童优势智能领域的发展,并把优势智能领域的特点迁移到弱势智能领域,使其弱势智能领域得到尽可能的弥补、以便形成强弱互补、协调发展的局面。比如,在一部讲述智障儿童《舟舟的世界》的纪录片中,特教学校的教师通过开发"舟舟"的音乐智能,来带动他生活能力、社会交往能力的提升,最终成为我国音乐领域的特殊人才。在智障儿童课程与教学改革中,教育者不仅要注重学科知识的传授,还要针对智障儿童个性特征提供身体功能康复以及生活能力方面的个别化教育。

2.2.5 远程教育理论

2017年7月,教育部等七部门印发《第二期特殊教育提升计划(2017—2020年)》,以"坚持统筹推进,普特结合"为原则,以普通学校随班就读为主体,以特殊教育学校为骨干,以送教上门和远程教育为补充,全面推进融合教育。普通学校和特殊教育学校要责任共担、资源共享、相互支撑，并强调在巩固一期成果的基础上，进一步提升残疾人受教育水平，推进教育公平，实现教育现代化。《特殊教育质量提升行动倡议书(2017)》呼吁：各部门应该努力推进教育信息化通报机制的建立，全力推进特殊教育资源建设。可以看出，在政策文件及相关立法的不断完善中，我国特殊教育的服务形式从线下逐步走向线上与线下相结合，开始了更进一步的探索和实践。与此同时，运用远程教育理念服务特殊人群，是特殊教育自身价值实现的另一个重要途径。随着两化融合力度的加大和稳步推进，特殊教育有望实现全面化、现代化、智慧化、终身化。

远程教育形式可以有效地避开因为身体及生理缺陷给智障儿童带来的制约，适合智障儿童的生理、心理、学习特点，能够为智障儿童提供比较灵活、便利的学习机会。因此，设计开展虚拟情境课程与教学的远程支持系统平台是智障儿童开展教育康复的重要保障。通过比较远程教育理论与系统设计思想可以看出，“远程学习教学交互层次塔”是一个较为成熟的理论模型与开发程式。

运程教育理论系统全面地揭示了教师与儿童在远程学习中的教与学的相互作用机制，为我国远程教育理论和实践在特殊教育中的应用提供了重要的理论与实践参考。该理论以互联网为媒体，从具体逐步到抽象，从低级不断到高级，围绕网络操作交互展开，进行信息交互、概念交互建模。该理论为智障儿童虚拟情境下的远程教育康复提供了技术路线的支持，指出在设计开发智障儿童远程教育支持系统时，不仅要在功能上满足智障儿童个别化教育教学需要，还要求界面设计简明易用，能方便地满足教师的教学使用，还要充分考虑智障儿童及其家长的信息素养，以便他们能对平台界面有较好的理解与使用。

在实践方面，已有研究指出，远程教育已成为特殊学生享受教育公平和优质服务的重要途径，这主要体现在以下四个方面。第一，远程教育可实现个体采集数据在多部门之间的共享，既有助于多部门数据的统一，又有利于特殊学生抢救性康复的开展，以及后期有效跟踪特殊学生信息的转衔。第二，“互联网＋优质特殊教育资源”理念逐渐深化，各地政府和相关部门应形成教育信息化经费投入保障机制，明确教育信息化经费在当地生均公用经费、教育附加费中的支出比例，使特殊学生“人人皆学、处处能学、时时可学”，能够随时享有高质量的教育资源，促进教育的公平。第三，“互联网+IEP学习支持”逐渐深化。学校可借助互联网大数据收集优势，帮助更多的特殊学生享受更好的个性化支持，实现“一生一空间、生生有特色”，使特殊学生的智慧学习成为现实。第四，远程教育既增强了特殊学生借助互联网学习和交流的能力，缩短了特殊学生与健全者的交往距离，又有助于提升特殊学生的学习欲望和兴趣，使特殊学生平等地参与到虚拟学习的共同体中，借助丰富多样的网络沟通和交流手段，达成与其他学习者分享、沟通、交流、协作的目的，实现高效学习。

2.3 研究路径

虚拟情境是新一代信息技术的在特殊教育领域的创新研究与实践。基于关注智障儿童心智成长与关怀身体康健并举的思想，本研究将依循如下研究思路展开：第一，由于本领域研究属于信息学科与特殊教育学科的交叉研究，目前才刚刚起步，还很不完善，因此本书力求对国内外相关研究展开循证研究，既要关注已有技术应用，更要探寻其在教育领域的典型案例，以此作为研究与实践的学理依据。第二，在充分调研国内外相关研究理论与案例的基础上，按照智障儿童的认知与身心发展规律，结合2016年特殊教育新课程改革的理念，针对信息化环境下的儿童全面发展观，设计并开发虚拟情境课程。第三，基于虚拟情境进行智障儿童教学干预实践研究与探索，开展观察、访谈、单一被试、虚拟情境教学系统的智能化数据挖掘和分析等研究，总结虚拟情境教学应遵循智障儿童认知与发展基本规律，提出有效教学方式及科学评价的基本策略，最后提出本课题研究与实践的结论。本课题的研究技术路线如图2-1所示。

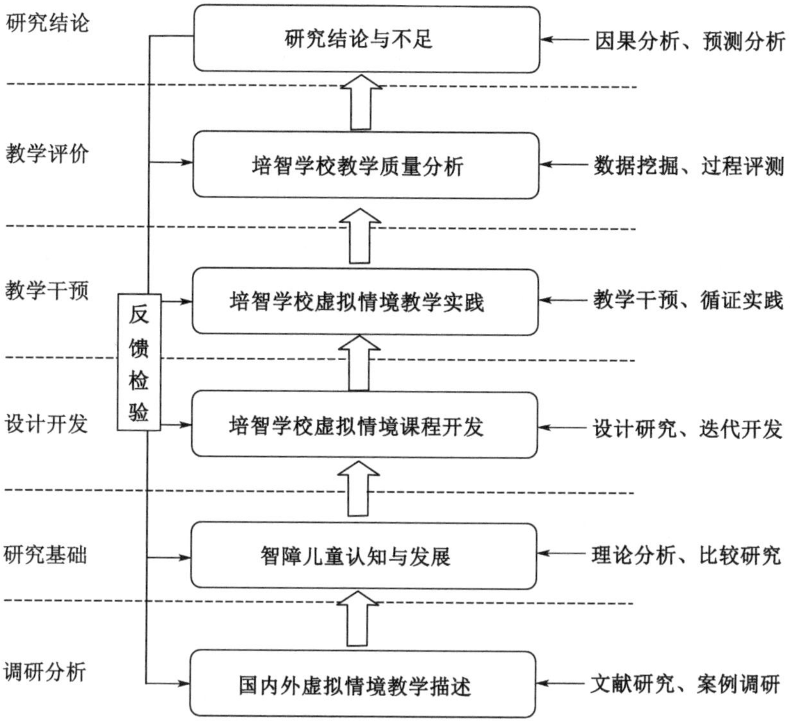

图 2-1　研究技术路线图

2.4　研究方法

本着理论研究与实践探索相结合的原则，针对研究内容的设计与技术路线，本研究以信息技术支持的研究方法为主。

（1）文献研究法——基于国内外权威、专业学术数据库，搜集、鉴别、整理、分析相关文献，研究本课题相关文献的数量关系、内容特征，掌握本研究相关领域的研究进展、技术发展、典型案例等，为本研究提供理论依据与相关佐证。

（2）设计研究法——基于设计研究法的基本原理，在情境教学、具身认知、个别学习、多元智能及远程教育理论的指导下，对智障儿童的虚拟情境课程内容及组织进行设计，对教学实施中的策略及典型案例进行设计，对虚拟情境干预智障儿童教育康复的实验进行设计并实践。

(3) 实验研究法——考虑智障儿童个体差异,选取适切的个性化虚拟情境课程进行教学干预,以单一被试实验理论与操作规范开展实验,主要是撤回实验与交替实验两种。撤回实验按照 A1(基线期)→B1(干预期)→A2(撤回期)→B2(再干预期)的顺序进行实验干预,以验证虚拟情境下干预方式更为有效的假设是否成立;交替实验设计则利用传统干预方式与虚拟情境下的干预方式进行效果评估,以验证虚拟情境下干预方式是否更为有效。

第 3 章　培智学校的虚拟情境课程设计

由于智障儿童身心特征、个别差异、障碍程度的复杂性与特殊性，以及课程开发理念的不断深化，虚拟情境课程设计不仅要吸取课程论的基本思想，借鉴普通中小学课程设计的实践方式，更要结合智障儿童的特殊性与特殊教育的复杂性，进行有针对性的设计开发，以满足智障儿童需要。本章的虚拟情境课程设计主要从确立课程目标、明晰课程理念、紧扣课程要素、构架课程组织四个方面展开研究与实践，论证了构建虚拟情境课程的合理性。本章研究的主要理论贡献是，通过对特殊教育课程改革历史的进展与发展趋势的论断，提出了有别于普通中小学以“学科知识”为取向的课程结构，在课程组织方式上构建了以“教育康复”为一体、以“潜能开发”和“缺陷补偿”为两翼的“一体两翼”课程组织结构。

3.1　培智学校的课程设计取向与变革

通过对我国特殊教育课程与教学发展历史进程梳理可以看出，特殊教育与普通中小学课程改革相比还显滞后和冷寂。随着我国改革开放的逐步深入与政治经济体制进一步深化，普通中小学的课程进行了多轮次的改革，并推出多个课程标准及配套教材与课程资源。反观我国智障儿童课程改革的脉络，基本上可以归纳为追求学科知识的课程设计、注重缺陷补偿的课程设计、张扬潜能开发的课程设计三个阶段。

3.1.1　追求学科知识的课程设计

我国智障儿童课程改革发端于 20 世纪 80 年代，教育部在 1987 年颁布了《全日制弱智学校(班)教学计划》,针对智障儿童的教育教学提出了明确的要求,并在1991年组织成立了高校教师与一线特殊教育组织的教材编写小组,经过两年的工作,于1993年完成了培智学校的配套课程与教材的编写。从编写的内容上来看,这套教材根据智障儿童低下的认知水平,在传统中小学教材的基础上进行降低难度、降低要求。比如,在语文课程中,并未提出“生活语文”课程概念,仅是对普通中小学课程进行选编、改编以应对智障儿童学习水平的需要,对智障儿童教育思想还是以知识与技能的教育为主,追求学科知识取向。本套课程设置仅限于语文与数学两门学科,科目过于单一,不能满足培智学校教学需要。教育部于1994年又提出了补充意见,提出课程与教学改革的几个原则。

(1) 共性和个性统一原则。中度智力残疾儿童与普通儿童和轻度智力残疾儿童在发展规律上有共性,但在发展程度和潜在可能性上有差别。

(2) 应用性原则。智障儿童所接受的知识与技能教育应该是他们所需要的,不能仅限于学术知识。

(3) 实践活动性原则。智障儿童的学习提倡在实践活动中进行,在参与具体活动中掌握知识和养成良好的习惯。

(4) 补偿原则。课程内容设计不能仅包含学科性知识,还要根据智障儿童的身心障碍设计有功能缺陷的补偿性内容。教育训练中应注重挖掘智障儿童的潜能,加速其康复进程,提升其适应社会的能力。

(5) 弹性原则。课程内容应根据智障儿童的具体情况,对教学内容、教学进度与教学要求分别作出有差异性的弹性要求。

目前,由于特殊教育学校长期使用的仍然是1990—1993年间编写的配套教材,其内容与时代严重脱节,因此智障儿童课程与教学改革势在必行。随着我国特殊教育规模与类型的不断扩大以及普通中小课程改革理念的不断深化,特殊教育领域也发生了积极的转变,以往追求学科取向的计划和纲要已严重不适应智障儿童教育教学的需要。

3.1.2 注重缺陷补偿的课程设计

自2003年,教育部开始了特殊教育课程改革,于2007年初印发《培智学校义务教育课程设置实验方案》(2007版),方案提出了培养目标、指导原则、课程设置及相关说明,其主要特色体现在以下几个方面。

第一,在课程组织上提出了一般性课程与选择性课程相结合的思想。培智学校课程要按照一般性课程和选择课程两种课程相结合的原则,分科课程和综合实践课程相结合的原则,教育类课程与康复类课程相结合的原则进行设置。培智学校在课程设置上,不仅要遵循智障儿童身心发展规律,还要全面满足智障儿童的生活需求,鼓励智障儿童在具体情境中学习知识与技能,并能用所学知识与技能解决生活与工作中遇到的问题。

第二,课程建设目标方面提出了有别于普校三维目标的表述。方案遵循以生活为核心和个别化教育的基本理念,借鉴了当前国际社会智力残疾最新研究成果"ICF"支持理念,从环境、支持、社会参与活动等多方面为学生设定课程目标。同时将课程的内容体系划分为智能发展领域、社会适应领域和生活实践领域三个方面。这一划分既遵循学生的身心发展特点、速度和水平,且与特殊学生的实际生活需求相结合,又偏重体现发展性,同时重视所学内容的功能和使用性,密切联系学生的实际生活情境,即以生活为中心,并向社区独立生活能力和职业教育方面进行延伸,体现了环境的生态性。

第三,课程特色上注重教育与康复相结合理念。纵观1987年课程方针与1994年的课程纲要中注重知识技能的习得,本次课程改革的理念已从学科知识导向转向注重教育与康复并重导向,强调要从关注学生的障碍类型及程度入手,在进行评估的基础上对智障儿童进行有针对性的个别化教学或康复训练,以促进智障儿童身心全面发展。特别是随着信息科技的发展,虚拟现实技术进入培智学校教育康复领域,较好地促进了智障儿童身心发展及康复。

第四,课程内容上有了相对明确的要求。在智能发展领域,不仅有学科类明显的课程目标,比如,在"生活语文"课程方案中,要求能够认识简单的汉字,认识常见的名词,说简单句等生活语文类目标;在"生活数学"课程方案中,要求能够认识1～10以内的点数与唱数,能够认识人民币等生活数学类目标。本研究也有一些涉及认知学习能力的目标,比如能够主动模仿动作，进行有意注意。相比 1987 年和 1994 年的课程纲要，新方案更加关注生活社区的参与活动，更关注学生情绪的调节与积极情感的建立，并提倡在生态化的教学情境或者环境中完成学习内容。在生活实践领域，随着时代的发展，社会对信息技术能力要求的提高，在新课程实验方案中也有所体现，对信息运用能力的学习，对生活娱乐游戏活动的参与等也逐步被提到课程方案中来，这也为本研究中以信息技术支撑的课程改革及教学干预提供了理论方面的依据及指导。

但是，由于《培智学校义务教育课程设置实验方案》(2007 版)仅停留在方案阶段，培智学校课程改革管理指导性缺失，课程理念与课程体系观点各异，在具体的课程标准及课程内容的组织方面没有达成共识，其配套的课程标准与教材一直没有公布。

3.1.3 张扬潜能开发的课程设计

随着我国经济文化的持续发展，特殊教育发展也进入新时期，相关的特殊教育课程改革亦进入深水区。2016 年 12 月 13 日，我国《培智学校义务教育课程标准(2016 年版)》颁布，于 2017 年秋季开始执行，这也是有史以来第一次颁布有关残疾学生的课程标准。2016 版课程标准其具备以下几个特性：① 整体性。课程标准是一个整体育人目标体系，在人的发展性、功能性和环境的生态性方面均有所体现。② 有效性。对智障儿童实施个别化教育，能有效提高特殊教育的发展质量。③ 灵活性。这种灵活性更加体现在一般性课程与选择性课程和校本课程的结合上，结合所给目标，如何编订适合本地区和苏州工业园区仁爱学校学生的校本教材也成为每个特殊教育学校值得思考的问题。

纵向来看，《培智学校义务教育课程标准(2016 年版)》所关注的完整的人的发展，下至学前康复，上至衔接职业教育和生活能力，即这部分课程目标的选择与制定具备衔接和延展性，为培养独立的生活基础能力提供保障，也为步入职业教育的学习提供衔接。这一理念在制定课程标准的时也参考了 2006 年世界卫生组织颁布的《国际功能、残疾和健康分类》(ICF)，支持生态化理念，保证了国家课程的先进性。

通过学习《培智学校义务教育课程标准(2016 年版)》,发现其主要亮点体现在:第一,本次课程改革核心理念,即突出潜能开发和功能改善。从理念中可以看出我国智障教育课程更加趋于科学与理性,这也与我国培智学校长期教学实践结果相吻合,改变了以往理想化、口号式的理念。第二,理顺了特殊教育是基础教育中的一个重要组成部分,强调要把特教学校课程标准与我国普通中小学课程标准有效对接。特殊教育学校课程标准要吸收普通中小学校课程改革的成功经验,对普通中小学课程改革的成果要有效转化。内容上也要与普通中小学传统教育中优秀内容相衔接。《培智学校义务教育课程标准(2016 年版)》与近年来国家中长期教育发展改革计划、特殊教育提升计划等相关政策相呼应,成为我特殊教育发展中的新标志。

3.2　虚拟情境课程设计的基本理念

特殊教育领域的课程设计有其特殊性,与普通中小学课程设计立场迥异。早在 1902 年,杜威所强调的学习者兴趣能力、社会需要及学科知识成为普通中小课程设计的基本理念来源。但在智障教育课程设计中,由于学生身心特征、个别差异、障碍程度的复杂性与特殊性,及其课程开发理念的不断深化,其课程设计不仅要吸取普通中小学课程设计的精髓,还要立足学生实践,进行有针对性的设计开发,才能较好地满足智障儿童需要。本研究的目标指向:立足智障儿童的身心发展,兼顾教育康复,开发"教康一体"综合性虚拟情境课程,在综合课程设计的理念上指向智障儿童的适性发展,生活适应、科技辅助、核心素养等成为智障儿童虚拟情境课程设计的基本取向。

3.2.1　"适性发展"观取向的课程设计

"适性"一词最早见汉代刘向《列仙传・安期先生》:"寥寥安期,虚质高清,乘光适性,保气延生。"其中,"适性"解释为称心、合意,其中"适"的核心是适合,"性"的核心是个性。所谓适性教育,是指教育要适合每一个儿童的发展特征与速度的教育。适性教育的核心思想是能促进儿童身心和谐发展与富有个性发展。因此，尊重每一位智障儿童的天性，塑造专属于他们个性的发展，是万物应有的自然生长姿态，也是我们教育人努力去实践、去创造的专业“行走方式”。适性教育不仅是一种教育思想，更是一种教育实践。

当前，由于我国智障儿童的障碍程度不断加重，运动障碍、社交障碍以及多重障碍不断增多，培智学校学生的类型已由原来的单纯智力障碍儿童发展到多重障碍儿童共存的，且每一个特殊儿童都有其个体的身心差异，因此在特殊教育学校开展适性教育更有必要。

我国智障儿童课程设计曾先后以学科的知识与技能为本位进行课程内容设置，随着实践的推进及教学质量来看，由于智障儿童的认知能力较弱，教学质量不能让人满意。1994年《中度智力残疾学生教育训练纲要》提出了“缺陷补偿”理念，提出特殊儿童“缺什么，补什么”策略，但通过多年教学实践也可以看出还是存在问题。比如，智障儿童由于智力较低下，对普通中小学的学科知识领悟、理解、应用能力难以达到课程设计的要求。伴有智力障碍的脑瘫儿童由于行动不便，有些学校便开展高强度的身体功能康复训练。比如，因脑瘫儿童多存在行走不便问题，有些学校全面开展下肢功能康复，尽管学生参与度较好，但是由于其身心的障碍多是由于神经系统的病变引起的，教育康复效果也不能令人满意。还有一些伴有智力障碍的自闭症儿童，其主要特征是情绪情感的自我封闭、行为刻板、自我刺激等，比如，有的学校对自闭症儿童的刻板行为、自我刺激行为采用严格管束等矫正方式，不但没有促使其行为得到改善，反而引起了他们情绪情感的不良反应。

我国特殊教育专家陈云英曾指出，智障儿童的教育是扬长式的教育。《培智学校义务教育课程设置实验方案(2007年版)》第一次提出了“潜能开发”的理念，希望通过开发智障儿童的潜能，促进其相关或其他方面能力的提升。比如，对具有较强绘画潜能的自闭症儿童进行绘画方面的开发，进而带动其他方面，如社会化交往、同伴沟通等能力的改善。在《培智学校义务教育课程标准(2016年版)》又进一步提出“潜能开发与功能改善”相结合的理念，这也是长期在智障儿童教育探索中得出的一条较为可行的策略。

3.2.2 “生活适应”观取向的课程设计

1859年，英国哲学家、社会学家斯宾塞曾针对当时西方社会重虚饰、轻实用的知识价值观进行了批判,他提出了一个著名命题:什么知识最有价值?他指出,为将来完美的生活做准备的知识是最有价值的。他力促建立指向学生未来完善生活的课程,他的观点至今仍被现代教育所承袭,在当今特殊教育课程设计进程中也成为其课程设计思想的践行者。

指向学生完美生活的教育在"经验主义"课程设计观也占据重要位置。泰勒的课程设计思想采取以学生个人为中心的取向立场,重视"课程即经验"的课程设计思想,强调学生学习与经验的重要性,并指出,学生的学习经验是学生与生活环境交互作用的结果,强调只有在与环境不断互动的过程中,才能产生知识与经验。在对学生经验的处理上重点包括以下三个方面:第一,强调教师的责任是去发现学生的兴趣与经验,进而在学生的兴趣与经验基础上,设计教育活动。第二,强调以学生的兴趣与经验作为课程设计的起点。第三,强调重视学生身心发展规律及顺序性。因此,教师在设计课程活动时,应为智障儿童创设学习情境,同时考虑其社会层面、心理层面、情绪层面等影响因素。因此,教师要有创意地设计课程,以引导学生主动学习、自觉发展,在课程设计意识强调学生本位的课程设计理念,诱发学生学习的动机,满足学生要求,积极参与学习活动。这些观点与虚拟情境的创设课程的旨趣一致。

培智学校的课程设置名称与普通中小学常有不同,如普通中小学学科中的"语文""数学"在培智学校被命名为"生活语文"和"生活数学";普通中小学课程培养目标常指向的知识与技能、过程与方法及情感态度与价值观,培智学校的课程培养目标则指向智障儿童的智能发展、社会适应与生活实践,除了适切智障儿童认知的学术类知识外,培养智障儿童基本的生存与生活能力就成为培智学校的重要任务。适性发展的课程设计取向指出,要结合智障儿童的障碍类型、障碍程度,开展有针对性的个别化教育康复课程,以满足他们生活成长的需要。智障儿童的教育不仅要关注学科课程,更要指向智障儿童的生活,这是关照他们在社会生活适应过程中,参与社会生活、改变客观世界的能动活动,其内容包括具有个人生活、居家生活和社区生活能力,具有卫生保健、休闲娱乐、信息运用和职业能力;具有环境保护的意识和行为等。

《培智学校义务教育课程标准(2016年版)》提出,提高智障儿童的生活适应能力,旨在通过各科课程帮助智障儿童了解基本的生活常识,掌握与社会与时代发展必备的生活适应能力,养成基本的社会沟通能力,培养良好的品性,成为适应社会生活的公民。智障儿童的虚拟情境课程设计过程,要彰显智障儿童在课程实施中的主体地位,以促进其"良好的生活"作为课程设计的切入点,以从提高"生存技能"到能独立适应社会生活,再到不断提升生活品质为教育目的。构建智障儿童虚拟情境类生活适应课程,不仅要体现智障儿童身心素质发展的基本要求,还要着眼于智障儿童社会生活的基本需求,同时还要针对智障儿童个别化发展需要,提供高质量个性化教育服务。

3.2.3 "科技辅助"观取向的课程设计

科学技术的发展给培智学校课程设计带来很大的变化,特别信息科技的发展,可以帮助我们对智障儿童有更深入的了解,还可以利用信息科技辅助他们的生活与学习,以提升他们生存与生活上的便利。近年来,信息科技成为特殊教育领域中的主要应用领域,也是衡量我国特殊教育信息化水平的重要标志。信息技术对特殊教育现代化发展具有更特别的革命性影响!加拿大学者麦克卢汉提出"媒介即人的延伸",这种延伸是集所有媒体功能为一体的信息技术,可以在一定程度上弥补特殊人群生理上的缺陷,并在一定程度上减少学习障碍,使其"短板"得以加长。然而,通常意义上的信息科技是从健全人的视角出发,未能根据特殊人群的生理、心理来研究、设计和建设,这在一定程度上使本应能缩小的残健之间差异的信息技术加大了数字鸿沟。

基于这些科技辅助在智障儿童课程设计中的基础性作用,我们还需做好以下两个方面的工作。一是完善特殊教育信息化环境。随着教育全过程信息化的深入,推进校校通、班班通、人人通的"三通"及资源服务平台与管理服务两个"平台"的建设工作成为我国教育信息化发展的集中体现。但"三通两平台"建设对特殊教育信息化的特殊需求关照还不够,如相对于普校版本多样、理念各异的数字化教材与配套资源,特殊教育教学优质课程的数字化资源供给还处在一个体系不全、内容匮乏的局面。相对于健全人的网络学习空间已实现人人通,但视觉障碍、肢体障碍等残障者的信息无障碍网络学习空间等问题还有待解决。二是探索特殊教育信息化教学模式。从教学的角度看,由于智障儿童的大脑或其他器官受损,其认知方式发生改变,具有特殊性,因此调动多种感官参与学习是特殊教育的一项重要原则。但在培智学校信息化教学有两个问题需重点厘清:一是如何以多媒体认知学习理论为指导,针对特殊儿童的认知规律,把握好特殊儿童认知容量,在数字资源呈现方式、呈现时间上不加重认知负荷。二是如何针对教学内容不断优化教学过程,形成一套完整的教学法是培智学校需要重点探索的。如果违背了特殊教育信息化教学的特殊性,简单移植普校教学法,就难免要走“依附之路”,或者走更多的弯路,付出更多的学费,那势必影响培智学校教学质量的提高。

科技辅助设备是用于帮助智障儿童获得、保持、提升功能的设备,可以是任何一个物品、一种设备或者一个产品系统,可通过直接购买或经过改造获取。辅助科技设备从低科技产品到高科技产品,价格由低到高,从运动功能辅助领域到沟通和学习各个发展领域,都有着极其广泛的应用。目前,国内将虚拟情境运用在智障儿童的康复训练的研究主要聚焦在智障儿童的认知领域、感知觉领域和语言领域。有学者认为,多通道、多感官的刺激能改善智障儿童的注意力,增强其学习与记忆效果,并指出,智障儿童语言方面的障碍化解的主要策略是利用虚拟情境构建丰富的语言训练系统,以增强对智障儿童的刺激。智障儿童上下肢的运动能力发展与其智力发展、运动知觉发展、社会适应性表现密切相关。因此,有针对性地运用虚拟情境对智障儿童的各项能力进行训练,可以促进智障儿童身心的全面发展。

3.2.4 “核心素养”观取向的课程设计

通过文献分析可以看出,基于核心素养的课程设计观在国内外均有表述。如联合国教科文组织提出的面向 21 世纪教育的四大支柱,就是要培养学生学会四种本领:学会认知、学会做事、学会共同生活和学会生存。我国

《中国学生发展核心素养》《3—6 岁儿童学习与发展指南》的课程设计都是指向儿童未来发展的核心素养的。

核心素养理念最早可从雅克·德洛尔任主席的国际 21 世纪教育委员会向联合国教科文组织提交的报告《教育——财富蕴藏其中》找到溯源。该报告指出，21 世纪将为信息的流通、储存及传播提供前所未有的手段。在信息化社会，教育应找到并标示判断事物的标准，以便让儿童在面对瞬息万变的信息时不会晕头转向，使他们不至于脱离个体与社会发展的方向。他们应该有能力在自己的一生中抓住和利用各种机会，去更新、深化与适应社会与生活。因此，课程设计应围绕学会认知、学会做事、学会共同生活和学会生存四大支柱进行设计。

美国 STEAM 课程设计强调科学、技术、工程、艺术与数学五个领域之间的内在联系，注重跨学科融合，协同促进儿童发展思想。STEAM 思想下的课程设计思想是：在具体的情境中，教师要构建与儿童生活情境相关联的虚拟情境，让儿童经历与他们生活相关的情境，从而获得各种跨学科的知识与技能。STEAM 理念下的课程设计注重在实践过程中培养创新意识，使得学生注重实践、注重过程。在智障儿童中开展 STEAM 思想引领下的教育，不仅解决了智障儿童沟通技能意愿不足的难题，还能帮助他们学会各项社会化技能。

《中国学生发展核心素养》从培养全面发展的人为中心思想，提出了儿童应当具备人文底蕴素养、科学精神素养、学会学习素养、健康生活素养、责任担当素养、实践创新素养。2018 年 10 月，陕西师范大学校现代教学技术实验室、中国基础教育质量监测协同创新中心陕西师范大学分中心联合主办的基于核心素养的课程与教学改革论坛暨思维型教学优质课展示活动在浙江省杭州市文海实验学校举行，林崇德教授和胡卫平教授分别就“核心素养”的要义作出阐释。胡卫平教授指出，所有核心素养的形成必须通过学生积极主动地思考。他认为核心素养分为三个方面，即学习、思维和创新。而学习和创新最根本的还是要依靠思维。他指出，“核心素养”是新一轮基础教育课程改革的基础，深入推进基于核心素养的课程改革、教学改革、评价改革、教师发展等，是基础教育面临的重大课题。核心素养要想真正落地，教学是关键,思维又是教学的核心。虚拟情境创设中的交互性与体验性,可以较好地吸引智障儿童沉浸其中,使其思维得到训练,进而促进其各方面素养的提升,改善其生存与生活质量。

3.3 虚拟情境课程设计的基本要素

虚拟情境课程设计所秉持的应是科学的方法与技术理性的思维。著名教育学者博比特认为,课程设计的首要任务就是发现构成学生生活的活动,借以培养其能力及个人品质,使之有得体的表现。本研究力图把虚拟情境课程设计成为教师、学生教育康复的重要内容。在虚拟情境课程设计任务中,组织协调好各方面的力量,由特殊教育教师及学生家长负责智障儿童的学情分析、目标拟定、内容选择,由虚拟现实技术人员完成虚拟情境创设,由第三方专业评估师负责智障儿童学习与发展的各类功能评价等。为此,本研究在虚拟情境课程设计中构建了课程要素模型,遵循着学情分析→目标拟定→内容选择→情境创设→功能评价的五个要素,且五个要素是有机结合与相互协调、横向关联、纵向递进的,每一个要素在设计中都要观照其他要素的功能及可行性,如图3-1所示。

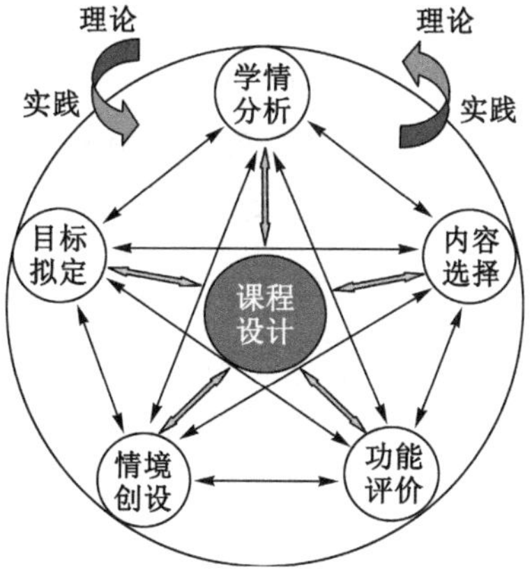

图3-1 培智学校虚拟情境课程要素模型

3.3.1 学情分析

学情分析在智障儿童虚拟情境课程设计中具有先导作用,决定了课程设计的价值与意义。在智障儿童发展的漫长过程中,他们发展的内容将不再局限于学科知识的获得,还将延伸到生活以及社会技能学习方面。随着年龄的增长、环境的改变、自身需求的不断变化,智障儿童的发展轨迹快慢不一、节奏各异,这就需要分析他们各自的发展特征与个性需求。他们的发展需要哪些课程,这些课程又是如何支持他们发展的,他们的发展与课程之间又有什么联系,这些学情都是进行课程设计需要考虑的。对于智障儿童来说,他们的身心发育存在延迟的特质。因此,准确找寻个体发展的规律对于智障儿童的教育来说至关重要。正如有学者强调,要想促进有特殊教育需要的儿童的发展,就必须懂得什么是正常的发展,包括那些在正常的发展过程中出现的问题。智障儿童的学情分析不仅要把握先天因素与后天因素,还要进行科学的、有针对性的前期评估。

第一,把握好智障儿童发展的先天与后天因素。遗传与生理等先天因素对于智障儿童的发展来说是客观及自然条件。一些遗传或生理性疾病会影响儿童的正常发展,严重的甚至会影响到儿童的身心健康。例如,由染色体变异所导致的唐氏综合征、先天性代谢疾病粘多糖病以及脑功能失调引发的癫痫等。这些疾病往往都会对儿童的智能发展产生严重的影响,同时,在他们的成长过程中,还需要伴随长时间的药物治疗,这在潜移默化中也对身体造成了不可修复的伤害。障碍程度的深浅也在一定程度上决定了智障儿童发展的可能,但从长远视角来看,智障儿童仍然存在发展的可能。环境与教育是智障儿童发展的后天因素,决定了儿童个体发展的快慢以及个体生活、生存能力的强弱。环境为儿童物质条件和社会条件的供给提供了生活的支持;课程成为对智障儿童教育方面的合理规划和有效手段,因此,把握好先天与后天因素将为课程设计提供最基础的参考。

第二,科学客观的评估。在特殊教育学校,智障儿童的评估一般是由相关机构的专业人员使用特殊教育评估技术和方法,对疑似儿童进行智能鉴定与测验,再综合评定并作出结论。智障儿童的评估常采用心理学量表、医学检查、社会性学习技能测定等方面的方法对疑似智障儿童偏离常态的各个方面与程度作出判定。对智障儿童的评估要运用各种技术与方法，并依获取的相关数据进行评鉴、评价、判断，得出他们需要得到帮助和支持的具体内容，并作出教育性决定。特别强调评估过程需满足个别学生的特殊需求。评估内容主要涵盖生理状态、心理表现、教育情况及社会适应四个方面。生理状态包括身体检查与医学诊断，涉及智障儿童的健康状况，比如视听能力、语言能力、身体功能，以及家庭成员的相关病史等。心理表现方面，通过各类量表测量智障儿童的智力水平、人格发展和情绪行为等心理状态。教育情况关注学习基础，主要评价智障儿童的学习效果、学习能力、感知运动、语言表达等方面。社会适应则关注个体适应自然和社会环境的能力，这在评估体感游戏对人际智能、自然探索智能及存在智能的改善效果时尤为重要，涉及自理能力、交往能力、社会化和职业能力等方面的评估。科学有效的评估活动是提高教育干预效果、促进儿童发展的关键。

在本课程设计研究中，我们采取了一种综合评估方法，将一般学情评估与针对性专业评估相结合。一般性评估通过个人生态评量表进行，该评量表包含了七个方面的学情检测指标体系，分别是儿童的基本资料、兴趣偏好、健康状况、能力现况-1、能力现况-2、家庭生活简述以及期望与需求。在针对性专业评估方面，我们根据智障儿童的具体类别进行学情检测。例如，对于伴有自闭症的智障儿童，我们会额外采用自闭症谱系障碍儿童心理教育评估第三版（Psychoeducational Profile-Third Edition，简称 PEP-3）量表；而对于伴有脑瘫的智障儿童，则会采用脑瘫患儿手功能分级系统（Manual Ability Classification System，简称 MACS）量表。通过这些评估，我们能够掌握智障儿童的身心发展、认知特征、心理特征以及个别需求等基本学情，这为后续的课程设计与开发提供了重要的基础依据。

3.3.2 目标拟定

课程目标是指学生完成课程学习后预期达到的结果，这些目标不仅应关注学生当前的学习需求，还应考虑学生未来的发展。在课程目标的制定方面，根据文献综述，主要存在以下四个流派：

(1) 行为主义流派:以泰勒、博比特、查特斯、加涅、格杰等为代表,主张基于学生行为来制定目标,强调目标的科学性和技术性。

(2) 系统管理流派:以汉金斯、考夫曼、普拉特、塞勒等为代表,主张使用系统管理的方法来制定目标,通过对学习活动的目的和功能进行分析来确定目标。

(3) 人本主义流派:以马斯洛、罗杰斯等为代表,主张以人本主义的方法来制定目标,基于学生的个人成长、对他人的尊重和学习的乐趣来确定目标。

(4) 后现代课程观流派:以派纳、波普尔、阿尔普等为代表,主张在制定目标时要强调个体学习的过程,并强调个体能够获得更充分的发展。

泰勒作为现代课程观的代表人物,他在1949年出版的《课程与教学的基本原理》一书中提出,课程设计者必须清楚四个基本问题:① 学校的教育目标是什么? ② 与教育目标相关的学生教育经验是什么? ③ 如何组织这些教育经验? ④ 如何对教育目标进行评价? 泰勒认为,课程设计者应该从内容、学生和社会三个方面收集资料,以确立目标。这种方法强调了课程设计的系统性和全面性,确保课程目标既符合教育的宏观要求,又能满足学生个体和社会的具体需求。

在智障儿童课程目标拟定上,专家学者们提出了以下观点。许家成认为,智障儿童的课程目标应以生活性技能发展为核心,最终满足智障儿童的特殊需要。邓猛认为智障儿童的课程应以满足其生活需要为导向。也有学者指出,随着时代的发展,信息技术越来越多地走进人们的生活视野。对于特殊需要儿童,尤其是智力障碍儿童,将信息技术手段融入教育,并以此为依托开发适合智障儿童发展和成长的课程,是时代的需要,是教育手段现代化的需要,更是特殊儿童适应时代发展的需要。因此,信息素养也应成为智障儿童发展的目标体现。

智障儿童的教育目标与普通中小学的三维目标有所不同,它们更加注重智障儿童的个体差异和特殊需求。根据《培智学校义务教育课程设置实验方案(2007年版)》,教育目标综合考虑了智力与发展性障碍儿童的全面发展和显著个别差异,主要从以下三个方面拟定。第一,智能发展。这是智障儿童身心发展的核心，包括动作能力、感知能力、思维能力、语言沟通能力和数理运用能力。此外，还涉及需求和动机，内心愿望的表达、选择与决定，对自己的行为负责，以及对个人生涯发展进行规划的能力。第二，社会适应。社会适应是指在智能发展的基础上，以情绪情感为纽带，与周边的人与事物保持协调发展。内容包括与人交往相处，建立积极的人际关系，使用社区，参与社区活动，在社会生活中维权守法，服从规则，遵守公共秩序，具有伦理道德，维护个人与社会安全、应对突发事件以及相应的社会生活常识等方面。第三，生活实践。生活实践是指在社会适应过程中，参与社会生活，改变客观世界的能动活动。内容包括：具有个人生活、居家生活和社区生活、休闲娱乐能力和卫生保健知识，具有信息化环境下的生存与生活能力，以及相应的职业能力。这些目标旨在提高智障儿童的个人生活能力，促进他们以正常状态平等参与社会各项活动，通过教育使其能像健全人一样过着有尊严、平等的生活。同时，也有学者指出，随着信息技术的发展，信息素养也应成为智障儿童发展的目标之一，以帮助他们适应时代发展的需要。

近年来，智障儿童的教育目标拟定不仅要考虑教育目标，还要融合康复目标的达成，以更合理地促进智障儿童的发展与成长。康复训练的主要目标是改善与提升智障儿童在动作能力、感知觉能力、沟通与交往能力、情绪与行为能力等四方面功能障碍的情况。动作能力包括反射动作、基本动作等。例如，对于感统失调的智障儿童，康复训练中会特别注重走、跑、跳、推、拉等能力的培养。感知觉能力包括智障儿童的平衡觉、动觉、听觉、视觉等能力，通过训练以提高他们的感知能力。沟通与交往能力，如通过虚拟仿真多感官训练来改善运动障碍、认知障碍、行为障碍。情绪与行为能力的改善也是康复训练的主要目标之一，旨在帮助智障儿童更好地管理自己的情绪和行为。

可以看出，美国学者哈罗提出的动作技能类目标与智障儿童的康复目标有融通之处，她将动作技能领域细分为反射动作、基本动作、知觉能力、体能、技巧性动作、意向性交流等方面。这些目标不仅包括先天的反射和基本动作训练，也包括后天训练学习形成的反射。在知觉能力方面，可训练智障儿童的平衡觉、动觉、听觉、视觉等能力。体能训练可通过虚拟情境创设的运动类情境来牵引学生进行耐力、力量、敏捷性、灵活性的训练。技巧性动作训练则可通过虚拟情境中的游戏、运动、舞蹈、技艺等多种类别内容进行训练。意向性交流方面，虚拟情境可以促进沟通交互。

虚拟情境是基于人机交互的学习系统，是身心一体学习与训练的“学习场”，所以在目标拟定时，不仅要借鉴普通中小学的三维目标拟定的思想，还要结合智障儿童的身心实际，合理吸收教育与康复两方面的目标性指导意见，建构科学合理的目标拟定策略。

3.3.3 内容选择

在为智障儿童实现教学目标而选择学习内容时，我们可以借鉴泰勒提出的五个原则：一是内容能让学生有机会去实践目标所隐含的行为。二是学生实践达成目标时获得满足感。三是所选择的内容要在学生力所能及的范围内。四是选择的内容能让学生以不同的形式去实践。五是注重所选择内容的迁移性，能实现多个学习目标。为此，他还指出了实现各类目标选择不同的内容的具体方法。比如，在选择培养学生思维技能时，要提供给学生多种解决方式，或多种需要考虑的事实和条件，以及他们在解决具体问题时，提出各种不同的可能性，以训练他们思维；在增进对特定事物的理解及增长有关不同的事物的知识时，最经济的做法是为学生提供学习情境，选择值得学习的重要信息，这对虚拟情境内容创设有重要的指导意义。由于智障儿童的认知能力有限，真实情境的信息可能对他们理解造成干扰，所以通过创设有重要信息的简化虚拟情境，规避复杂的信息反而更有利于智障儿童对知识的理解与掌握。在选择学习社会态度的相关内容时，要营造一个统一化的校园环境，让学生体验与社会化环境相一致的环境信息，让儿童与同伴一起体验、感受，在为他人服务的同时，也获得了他人的服务；在选择有助于培养儿童学习兴趣的学习内容时，旨在为学生在培养兴趣的过程中提供给他们能体验、能探索、能合作的学习内容，虚拟情境能较好地创设这种体验性的、探索性的、交互性的体感虚拟情境。

史盖夫勒认为，课程内容选择的原则是最大限度地帮助学生以最经济的方式获得最大限度的自我满足，这也是智障儿童课程内容选择中能发挥他们潜能并形成最好个性的途径之一。在内容选择中，首先应关注学生内容选择的意义。对智障儿童来讲，课程内容不仅要能促进其基本观念、概念、原则、概括等相关学习思维的发展，还要促进其身心功能的康复与社会性技能提升，应将实用性的内容作为一个重要的选择原则。同时，还要注意内容的可学性，如果选择了超过智障儿童认知或身体功能难以达到的内容，他们不仅不能掌握知识与技能，还可能挫伤其积极性。由于智障儿童的虚拟情境课程还需要技术性支持，所选内容载体的可行性也是要思考的重要方面。

虚拟情境内容的选择主要通过对比两种理念下的课程内容进行选择。第一种是“以科目为中心”，即强调以理解学科的要素为中心，鼓励学生明确学科知识的基本组织结构，即明了各学科中概念、观点、原理之间的关系，掌握学科知识内容独特的学习与探究方式；第二种是“以学生为中心”，即着眼于智障儿童的个性发展，强调虚拟情境课程内容要针对智障儿童的生活需要和个人发展需要，是一种“活动—经验”设计取向的课程内容组织方式，学生在寻找经验、办法时，实现了课程的主要价值——真实性、意义性、直接性、主动性以及活动与经验的相关性，促进了学生生活技能的提高。

通过比较两种课程内容的选择理念与逻辑，本研究决定采用“以学生为中心”的视角进行课程内容的选择，设计跨学科的知识与技能内容，以满足智障儿童的教育与康复。在教育类课程内容设计中，以2016年培智新课标为参照，针对智障儿童智力发展水平的实际，以生活内容为核心融入生活语文、生活适应、劳动技能、运动与保健、艺术休闲课程中，这与我国《3—6岁儿童学习与发展指南》(以下简称《指南》)中从健康、语言、社会、科学、艺术五个领域促进儿童的学习与发展的思想基本一致。因此，在课程内容选择中，以《指南》为分类标准，对智障儿童课程中相关的内容进行综合设计，如进行语言类虚拟情境课程内容选择时，选取能够帮助智障儿童学会生活、学会适应，提高生活质量的内容，以培养他们能初步学会倾听、表达与交流，能听懂日常用语等。在康复类课程中，要以选择改善智障儿童的康复功能作为内容选取方向。教师要精选校园中、智障儿童家庭中、智障儿童生活社区等现实生活情境来进行虚拟情境课程内容的创设。通过康复训练来改善学生的动作能力、感知觉能力、沟通与交往能力、情绪与行为能力等方面的基本技能，如在智障儿童粗大动作训练时要选择能够改善他们的姿势控制能力、移动平衡能力的内容。因此在虚拟情境创作中，适宜选择体感类、运动性的虚拟情境内容。在精细动作训练中，教师要精选能促进智障儿童的手部动作能力、手眼协调能力的内容，宜选择诸如保龄球、攀岩类的内容进行虚拟情境创设，以较好地满足智障儿童的精细动作能力发展。

3.3.4 情境创设

在具体的情境中才能彰显知识的意义与价值，因此教师要成为情境创设者。李吉林认为，情境教学理论与实践的基点是情境创设，情境为儿童学习知识与技能提供认知的起点，能让儿童在良好情境的陪伴下去认识和建构世界。

虚拟情境的创设为儿童观察学习提供了媒体支持与内容支持。媒体是连接儿童天性与学习方式之间的桥梁，内容是促进并影响儿童学习发展的材料，经由儿童的主体参与就构成了一个全新的学习系统。李吉林指出，情境创设一般有六条途径。虚拟现实技术可将虚拟情境按需创设及融合，但要把虚拟情境转化为可以为智障儿童服务的、有意义的虚拟情境，就需要教师根据教学目标与智障儿童的认知及身心特征来创设。

(1) 甄别和过滤：情境的筛选。

“筛选”意味着追求适用的“价值”与“方法”。古往今来，人们总是在不停讨论什么是“好的知识”，什么是“不好的知识”。中外学者都主张对儿童学习情境进行筛选：古希腊哲学家柏拉图曾主张，儿童教育不仅要适合其年龄与心智特点与规律，还要符合法律精神。英国思想家洛克也指出，儿童所接受的学习应该有利于其身体和情绪情感的良好发展。“孟母三迁”的故事也体现了应为儿童筛选良好的成长情境，以满足其将来能获得更好成长与发展的意愿。特别是近年来，媒体信息呈爆炸性增长，其中有些对教育意义不大，或对教育有负面作用，这就要求老师要有筛选虚拟情境的能力。

“学习环境设计框架”提出的“三个中心”对智障儿童学习的虚拟情境筛

选具有一定的指导意义:以"智障儿童为中心",就要充分理解和尊重智障儿童的个体差异,;以"生活知识为中心",是指教师在选择虚拟情境对智障儿童进行教育时,不仅要教授其相应的学科知识内容,还要教授其生活技能知识;以"评价为中心",是指教师要选择那些具有图文共享并能进行可视化数据评价的内容,以让智障儿童实时理解评价的信息,以便更好地促进他们理解与学习。

(2) 深化和优化:情境的创造。

"创造"虚拟能情境是"筛选"虚拟情境策略的进一步深化。如果已有的虚拟情境不能满足智障儿童教育康复目标的要求,或与其学习方式不匹配,"创造"虚拟情境也就成为另一个基本策略。其主要策略有以下三方面。

第一,情境表征是虚拟情境创设的价值体现,追求什么样态的情境是最有价值的情境。基于核心知识的高效学习观主张,给儿童创设情境,应对儿童学习内容进行全面分析,理出相对独立的知识点,再根据儿童学习目标要求,从遴选的知识点中萃取出最为关键与重要的核心知识,最后通过创设虚拟情境将这些知识点呈现出来。

第二,智障儿童的学情分析是创造虚拟情境的重要依据,以确定虚拟情境创设的基本内容能否达到教育目标。这里所指的学情不仅包括智障儿童的学习特征与障碍类型,还包括对虚拟情境内容的分析,因为智障儿童学习学习方式主要是个别化的学习。

第三,媒体类型是教师开发虚拟情境的技术依据,选定由什么媒体平台来表征情境。教师应根据媒体类型选择相匹配的虚拟情境内容。为了降低设计难度与成本,教师可以与虚拟现实技术人员进行联合设计。如我校开发的自闭症儿童语言学习体验类虚拟情境"粉红海豚",就是与新加坡南洋理工大学联合研发而成。

3.3.5 功能评价

泰勒指出,评价的过程就是评断"课程与教学"在达成教育目标程度的过程。在评价中,他建议从两个方面进行着手,第一,要评价学生的行为,着重发现学生行为发生了哪些变化。第二,评价要进行两次,即前测与后测,这也是本研究在课程与教学中把智障儿童的学情放在首位的依据。这些思想对虚拟情境课程设计具有良好的指导作用。近年来，特殊教育课程评估日益受到重视，它在特殊教育发展中扮演了关键的角色，不仅是对教育政策、设备投入、管理水平、教学质量、师资水平等教育现代化衡量指标的监控，还为特殊儿童的教育安置、个别化教育、终身发展提供前瞻性的超前谋划。从根本上说，适切的内容与方法是特殊教育评估的立足点。

在虚拟情境课程评估中，要根据特殊教育现代化发展实际，充分观照特殊教育发展的特殊需要，如特殊儿童的缺陷补偿与个性化发展、特殊教育教师特教专业知识结构、特殊教育康复与教学装备投入保障、特殊教育信息化装备建设、特殊教育的人才培养与对社会的贡献等内容，才能形成适切的评价内容。虚拟情境课程评估要遵从特殊教育自身发展规律，考量残疾儿童发展需求，在具体方法上不仅要考虑普通教育现代化评估所涵盖的教育发展的数量、质量、结构、效益，还要开展特殊教育的特殊性与个性化评估。在特殊儿童发展评估中，应充分考虑特殊儿童类型多样与异质性高的实际现状，开展精细化个体教育发展评估，才能体现特殊教育现代化科学的评估方法。

虚拟情境课程评价可采用以下方式：① 现场数据评价方式，根据教育教学活动进行及时的现场评价。虚拟情境系统平台往往具有数据的统计与汇总功能，这样就可方便地进行数据汇总与排序；每次教学活动时，教师和相关研究人员可通过录像或照片等对该教学活动中的教学目标完成情况进行测评，了解、分析目标达成情况，并依据测评进行下一步教学活动的调整。② 阶段评价方式，即对每个学生的个别化教育计划中每个教学目标进行测评。将测评结果与个别化教育计划实施前的教育测评数据（基线）进行比较，可以客观地显示经过一段时间（一般是一个学期）的教育教学，学生获得的学习成效，并将这一结果作为新的基线制定下一周期的个别化教育计划。③ 总结评价方式，是学生完成一个学段或毕业时进行的评价，通过目标成果对学生生活质量的核心指标进行评价，协助学生从现在的学习阶段进入新的学习阶段。

在智障儿童的评价中，采用实验数据分析的方法和儿童功能性评价等辅助手段，可以更科学有效地获取评价的真实情况。近年来，学术界提倡在特殊儿童评价中使用单一被试实验的方法来评估智障儿童的发展。单一被试研究是一种行为研究技术，旨在探索和展示自变量与因变量之间的因果关系或功能关系。

在单一被试实验中，通常有两种设计方式：

第一种是单基线撤回设计：这种设计按照A1（基线期）—B1（干预期）—A2（撤回期）—B2（再干预期）的顺序进行实验干预。为了提高实验结论的代表性和推广性，本实验将增加研究对象的数量和多样性，采用多基线撤回设计，以验证实验结果的普适性和可推广性。

第二种是交替处理设计：这种设计能够快速确定不同干预措施的相对效果，特别适用于确定哪种干预方式更有效。在交替处理设计中，不需要基线数据达到稳定，也不需要撤销实验处理来确定因变量和自变量之间的因果关系。结合《国际功能、残疾和健康分类（儿童青少年版）》量表中的检测点进行匹配，通过体感游戏进行有针对性的干预实验，并辅以观察、访谈等方法。最后，运用统计分析软件对数据进行处理，对智障儿童进行发展性和功能性的评价。这种方法综合了多种评价手段，旨在提供更全面、更准确的评估结果。

3.4　虚拟情境课程组织方式

3.4.1　虚拟情境课程组织策略

课程组织是课程设计中的重要环节，课程组织不仅涉及课程各个组成部分及其相互关系的处理，还涉及单独的课程领域，如学科或活动的组成部分及其相互关系的处理，现在一般的倾向性做法是在高年级采取逻辑结构的内容组织，在低年级采取心理结构的内容组织。

泰勒在课程内容组织方法中指出，为了使教育内容能更好地产生教育效应，必须对相关的教育内容进行合理组织，以使内容之间相互强化，形成体系。泰勒提出了两种学习内容的组织方式：一种是纵向组织，指按照不同学段进行学习内容组织，如同一学科不同年级和阶段的学习经验之间的联系；一种是横向组织，指不同领域的学习经验的整合，如同一个主题下，不同学科之间的整合与转化。泰勒这种课程内容的组织方式，是以分科内容为组织的策略与以综合课程为组织的策略，如有观点认为，以分科内容为组织的策略具有良好的序列性与顺序性，能帮助儿童获得系统性的知识。以综合内容为组织的策略是以儿童为中心的课程组织思想，体现了因材施教、以人以本的旨意。这些思想也形成了课程组织思想的双重来源，前者重视学术传统，后者重视人的生活实践。这些观点对以生活适应为内容取向的培智学校课程内容组织有着一定的指导意义。

在课程内容组织方式中，以分科内容为组织的策略与以综合内容为组织的策略各有其观点。持分科内容观点的代表人物泰勒认为，要有效地组织学习经验，不仅要探讨学习经验的组织方式，还要探讨学习经验中的一些结构要素，其中包括三个层次的结构要素。在最高层次上，结构要素包括具体的科目、广域课程、核心课程和一种未分化的结构（教学计划）。在中间层次上，结构要素包括按序列组织的学程，如学段一、二、三，以学期或一学年为单位的学程，如一年级学的数的分解与组合，二年级学的数的加减法等。在最低层次上，可能的结构要素包括课、课题和单元，通常课题持续几天或者几周。

持综合内容观点的杜威认为，课程内容组织要放在儿童身上，儿童生活本身内容是丰富的、复杂的，从儿童生活本身出发，通过儿童的活动达到教育目的，因此，课程内容要与儿童的生活紧密联系在一起。由于分科课程之间多少存在着隔膜与封闭，综合课程可以打破各学科之间的界限，建立彼此之间的联系。综合课程从人、自然、社会等多个层面进行内容组织，能较好满足儿童的全面发展。在儿童全面发展的过程中，综合内容课程有利于减轻儿童的学习负担，促进儿童更主动地学习各种技能。

通过比较以上两种课程组织的基本策略可以看出，尽管分科课程的组织没有以学生为中心，但其相关理论研究与实践层面都有悠久的历史，在学科与内容的组织上有成熟与规范的操作方式，且有系统的评估标准，因此国家课程往往以分科课程的形式呈现。综合课程在当今社会受到人们极大的关注与推崇，但在实践方面还存在很多的问题有待厘清。从众多的综合课程表现来看，往往是基于本地区特征进行的地方或校本课程的设计与组织，其内容往往具有不可移植性。

在智障儿童虚拟情境课程组织策略中，本研究试图吸收两种立场的合理成分与各自独立的价值，以虚拟情境课程设置体现两者融合共生的一种组织形式，针对智障儿童的身心特征，以综合课程为主，适度进行领域分类，合理安排分领域的内容，通过分领域的学习内容让智障儿童获得学科知识，发展思维；通过综合课程的组织把各分领域的内容有效整合，让智障儿童能获得较全面的发展。

从我国特殊教育课程与教学改革历史进程来看，当前特殊教育课程改革理念是从以往单纯追求学科知识向注重智障儿童"缺陷补偿"及"潜能开发"的理念转变，再向注重潜能开发和功能改善相结合的理念转变，进而向全人教育、核心素养及全面发展观的转变。因此，在课程组织方式上，本研究构建了以"教康一体"为目标，由"缺陷补偿"与"潜能开发"两大类内容组成的"一体两翼"的课程结构，在"潜能开发"类中，从健康、语言、社会、科学、艺术五个领域组织设计课程内容；在"缺陷补偿"类中，从动作、感知觉、沟通与交往、情绪与行为四个领域组织设计课程内容。两翼课程内容的创造与筛选置于"H"之中，其"H"的旨趣代表了课程建构中指向智障儿童发展的快乐(happy)发展、健康(health)发展、和谐(harmonious)发展等(图3-2)。

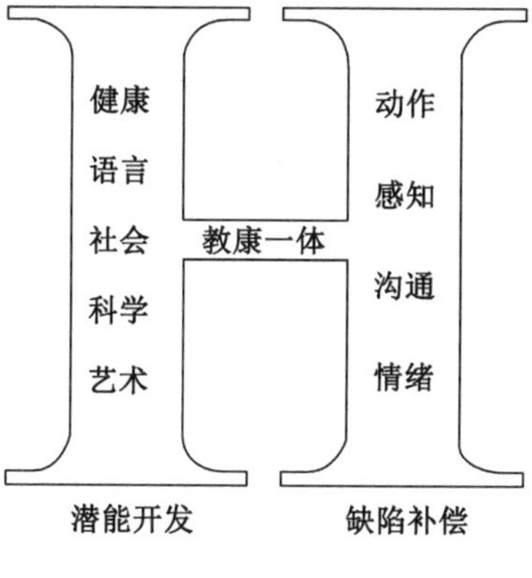

图3-2 培智学校虚拟情境课程"一体两翼"组织方式

3.4.2 “潜能开发”类虚拟情境课程结构

虚拟情境将儿童感知体验世界与知识技能紧密融合在一起，是以人机自然交互为呈现形式，无技术痕迹的情境学习方式。李吉林指出，“境中思”“境中做”“境中学”“境中治”是儿童情境学习的主要策略，其策略目的是让情境学习真正成为儿童自我需求的形式，在情境学习中促进儿童知识与技能的全面提升。在智障儿童“潜能开发”类虚拟情境课程结构中，依循我国智障儿童发展与学习现状，以他们的潜能开发与功能改善奠定良好素质基础为目标，在吸收与比较国内外有关智障儿童全面发展的基础上，课程结构从健康、语言、社会、科学、艺术五个领域，展开虚拟情境促进智障儿童潜能开发与功能改善的实践方式和途径探寻。

3.4.2.1 健康领域

健康是指人在身体、心理和社会适应方面的良好状态，其中动作能力是儿童健康发展的重要指标，儿童运动能力的发展与其智力和社会适应能力发展密切相关，且运动能力越好，越有助于儿童大脑机能和适应性能力的提高。对智障儿童而言，虚拟情境是一种面对面的人机交互学习系统，对其身心发展具有良好的促进作用。

智障儿童动作主要包括粗大动作与精细动作两个方面，通过对多类型的虚拟情境进行比较，可以发现虚拟情境在促进智障儿童身体健康时，不仅具有娱乐性，还具有指导性。比如，“Kinect 体育竞技”是一款运动技能类虚拟情境，其运动项目包括了“水上摩托”“攀岩”“足球”“射击”“保龄球”“网球”六大类运动。在此虚拟情境中，儿童通过观察与理解虚拟“竞技选手”的动作要领来模仿、体验相关动作。比如，在虚拟“水上摩托”运动项目中，智障儿童可以根据虚拟情境的展开过程与动作要求，时而双臂向前伸直，时而需前后屈伸，时而需要左右倾斜身体，这样智障儿童的粗大动作能力就得到了很好的训练；在精细动作方面，智障儿童利用“保龄球”虚拟情境开展训练，不时做出抓取保龄球、旋转保龄球等动作，他们的手指精细动作能力就能得到了较好的训练与康复。

3.4.2.2　语言领域

语言具有交流和思维的功能,良好的语言发展能力是人际交往、获取信息、组织思想的重要工具。智障儿童的语言理解与表达能力与普通儿童相比较弱,鼓励智障儿童多说、多沟通是促进其语言能力发展的重要手段。因此,教师就需要创设相应的语言学习情境,引导智障儿童在情境的牵引下产生想说、敢说与爱说的良好习惯。随着信息科技的发展,虚拟情境已然广泛应用于普通中小学语言教学中,如美国的 Second Life 虚拟世界、欧盟的 VILL@GE 项目、俄罗斯的三维俄语虚拟世界等。邵楠希等在《基于 3D 虚拟情境的外语体验认知教学模式研究与实践——以俄语教学为例》一文中也证明了虚拟情境在语言教学中的确有效。蔡苏等开展了虚拟情境下的"儿童英语单词学习"的比较实验研究,结果显示:实验组的学生平均分数从最初的 23.125 提升到了 73.125;并且在前测 T 检验中,实验组和对照组的结果无显著性差异($p=0.930$),后测 T 检验中两组均出现了较大差异($p=0.000<0.001$),从而证明了虚拟情境能够有效提升儿童语言学习质量。

3.4.2.3　社会领域

智障儿童社会性技能习得与发展是养成良好人格的基础。刘焱研究认为,儿童时期是其个人社会性能力形成的关键时期,如果儿童在生命的最初 5～6 年内不能养成最低限度的社会性能力,就有可能成为有问题儿童。智障儿童社会性技能习得与发展是在其生活成长过程中,通过不断地观察与模仿逐步发展起来的。在信息时代,虚拟情境能较好地缩短智障儿童在社会化交往、个人行为规范的养成过程。因此,教师要积极结合具体情境,帮助智障儿童掌握的基本社会性技能与规则。如在"虚拟交通"情境中,系统平台设计了让儿童能安全走路、有序坐公交车、骑自行车等三种虚拟情境模块,智障儿童可以通过三种模式进行针对性的专项训练,如选择了"安全走路"模式,他就会置身于虚拟化街道中的导学系统,系统会指引他在经过不同交通信号时如何正确走路,在看到相关的交通标志时如何保持正确的行走判断,仿佛置身于真实的情境中进行体验与习得社会性技能。

3.4.2.4 科学领域

智障儿童的科学思维是在具体事物探究和实际问题解决中培养出来的，主要体现为科学探究能力与数学认知能力。智障儿童相关心理研究显示，他们一般是以具体形象思维为主要思维方式，因此，为智障儿童构建其能直接感知体验并能让其动手操作的虚拟情境，能够有效促进其思维发展。李吉林的情境教学理论指出，要把儿童探究知识与技能的活动嵌于一定情境中，给他们提供多样的感知与体验方式，能够较好地促进儿童的科学思维发展。通过对虚拟情境内容进行分析可以发现，许多虚拟情境具有探究科学知识的属性，如在“微观世界”虚拟情境中，系统设计了引导智障儿童进行科学实验的情境，在虚拟实验中的每个环节都按物理现实世界的实验过程进行，如在实验部分要遵循假设、收集数据、验证假设、解释等环节，在科学论证部分要包含论点、论据、论证等。“微观世界”赋予智障儿童在虚拟情境中探究真实世界的过程，使他们的科学思维获得了良好的训练与发展。

3.4.2.5 艺术领域

艺术是人类感受美、表现美和创造美的重要形式。艺术本质上是一种体验活动，智障儿童艺术素养是在不断感受与欣赏艺术作品、不断创造与表现艺术作品中提高的。VR 作为一种新的表现形式，被列为文学、戏剧、绘画、音乐、舞蹈、雕塑之后的“第七艺术”。艺术类虚拟情境的创设，节省了智障儿童在现实情境中去剧院、美术馆等场所的路途奔波，在虚拟艺术情境中，智障儿童沉浸在虚拟艺术作品中，反复体验与感知，艺术素养得到不断提升。如在“故宫 VR 体验馆”虚拟情境中，智障儿童戴上“VR4D”头盔，映入眼帘的是故宫虚拟全景，智障儿童在虚拟解说员的带领下，穿越历史时空，在故宫中“行走”，各个场馆，对故宫的历史文化有了更加直观的体验与认识。

针对以上五大领域内容的阐释，在课程开发时还要研究智障儿童的历次课程改革，探析虚拟情境课程的设计路向，结合课程开发理论确定虚拟情境课程开发的策略。针对课程理念、基本要素、内容组织方式，开发虚拟情境校本课程，设计如下：

目　　录

3.4.3 “缺陷补偿”类虚拟情境课程结构

“缺陷补偿”类虚拟情境课程主要是指构建智障儿童的康复训练课程，通过康复训练让身心缺陷的智障儿童进行复健。但传统的手法操作或简单康复训练器械辅助的康复训练模式单调乏味，效率低下，难以满足智障儿童的发展需要，改革势在必行。信息科技的发展为智障儿童康复训练提供了改革环境与路径支持，虚拟情境在智障儿童康复训练中的应用探索，正是科技以人为本在特殊教育领域中的集中体现。当今，信息科技的发展日新月异，成为人类智慧的集中体现，对改造传统康复训练的理念与方式具有重要推进作用。2016 年，徐云等通过自主设计的虚拟情境对智障儿童智力、上下肢、休闲保健、基本知觉与认知五个方面进行了康复训练的实验研究，结果显示虚拟情境可以有效提高和改善智障儿童的日常功能、移动能力和交流能力，对智障儿童具有良好的实用效果。王庭照等研究认为，利用虚拟现实技术对特殊儿童开展教育，不仅能弥补特殊教育学校现有教育康复手段的不足，还能提高教育康复的安全性与实效性。本研究团队从 2013 年开始在虚拟情境应用于智障儿童教育康复领域进行尝试，在充分论证 Kinect 虚拟情境本身的数据挖掘、智能辨识等智慧教育属性时认为：Kinect 虚拟情境不仅能满足智障儿童康复训练方式多样化、个性化的需求，还能促进智障儿童运动功能失调康复、认知障碍补偿、社会化水平提升等发展目标的达成。

与传统的康复训练方式相比，虚拟情境在智障儿童康复训练中的应用，实现了训练目标从单一康复向综合康复的转变，训练环境从现实情境向虚拟情境的转变，训练手段从人工或器械辅助向虚拟情境支持的转变，对提升智障儿童康复训练质量具有一定的研究与实践价值。在特殊教育学校，康复训练是为满足不同学生的康复需求而设置的课程，教学应从现有基础出发，开展有针对性、有梯度性的康复训练，逐步提升他们生活及学习的能力。

康复训练对提升智障儿童生活质量具有不可替代的作用，对康复训练的研究与探索在培智学校教育中占据重要地位。本研究遵循智障儿童康复训练的时代意蕴，组建了虚拟情境康复训练专用教室，根据《培智学校义务教育课程标准(2016 年版)》康复训练课程内容要求，开发与选用有针对性的虚拟情境对智障儿童的动作康复、感知觉康复、沟通与交往康复、情绪与行为康复进行训练。通过四年的康复训练研究与实践探索，取得了良好的效果，不仅能改善传统康复训练方式，还能节约人、财、物、时等诸项投入成本，提高智障儿童康复训练的整体效能。

基于虚拟情境的具身性、体验性、交互性与环境嵌入性等特点契合智障儿童的发展规律，规避其身心障碍短板，促使智障儿童康复训练形式更加多样化。虚拟情境设计中融入了一定的思想、知识、情境等元素，虚拟情境下的康复训练往往具有迁移性，通常是应用一款虚拟情境针对智障儿童的某一方面进行康复训练时，其他方面也能获得良好康复，起到了综合康复训练效果。因此，康复训练教师和智障儿童对这种康复训练形式均有积极悦纳的态度。康复评估也显示，通过虚拟情境的康复训练，智障儿童的运动、感知觉、沟通与交往、情绪与行为能力发生了良好的变化。

虚拟情境在智障儿童康复训练中的应用是信息科技在特殊教育领域的创新研究与探索。针对智障儿童个性化需求不同，应设计、开发与应用个性化虚拟情境对智障儿童进行康复训练是未来发展的取向。另外，虚拟情境作为智障儿童康复训练的一种方式，是现实世界康复训练的有效补充，虚拟情境训练与现实情境训练应互为补充，以实现智障儿童康复训练效益的最大化。

3.4.3.1 运动技能的康复

智障儿童运动能力的发展与其智能，即运动知觉的发展关系密切，对智障儿童的运动能力进行训练有助于其大脑机能的提高。智障儿童动作训练分为粗大动作训练和精细动作训练两种，粗大动作训练又分为姿势控制训练、移动训练、平衡与协调训练三项；精细动作训练又分为手部动作训练、手眼协调训练、握笔写画训练、使用工具训练四项。与健全儿童相比，智障儿童在动作发展和运动技能掌握方面均有差距，特别是在粗大动作方面差距明显，主要存在智障儿童走路时平衡能力较差、行走姿势僵硬、身体动作不协调等问题。在精细动作方面也有手部动作不协调、不能握笔写画等问题。

为改善智障儿童的运动能力，本研究选用《Kinect 体育竞技》进行动作康复训练，该游戏是运动技能类主题游戏，内容包括六大运动模块。其中，水上摩托模块主要用来训练智障儿童感觉统合能力；攀岩模块用来训练智障儿童手指精细动作与上肢肌肉能力；足球模块主要用来训练智障儿童下肢运动能力；射击模块主要用来训练智障儿童的上肢平衡能力；保龄球模块则成为智障儿童手指与手腕精细动作训练的良好工具；网球模块主要用来训练智障儿童的上下肢协调能力。相对于传统的动作康复训练方式，智障儿童沉浸于场景丰富、音乐感十足的虚拟情境中进行康复训练，康复训练设计的内容与强度随着虚拟情境的交互与牵引得到较好的实施。图 3-3 展示了一名智障加脑瘫多重残疾儿童头戴保护头盔进行运动能力训练，通过一学期康复训练，该儿童动作技能有了较大的提高。

图 3-3 伴有脑瘫的智障儿童在虚拟情境教室进行粗大动作康复训练

3.4.3.2 感知觉的康复

《培智学校义务教育课程标准(2016 年版)》指出，智障儿童的感知觉训练主要是针对视觉训练、听觉训练、触觉训练、味觉训练、嗅觉训练、前庭与本体觉训练六个部分。与正常儿童相比，智障儿童感知觉比较迟钝。比如，在视觉方面，难以辨别物体的大小、形状及颜色等；在听觉方面对语音的辨别能力较差，对语义的理解能力也低；有的智障儿童在触觉、味觉、嗅觉方面反应迟钝；有的智障儿童在前庭与本体觉方面存在着感统失调等现象。由于体感技术的局限，现在虚拟情境的设计在视觉、听觉、前庭与本体觉三个方面表现较好，在触觉、味觉、嗅觉三个方面的表现还不尽人意。实验心理学家赤瑞特拉(Trteicher)的人类获取信息实验证实:人类83%的信息获取来自视觉,11%来自听觉,视听通道成为人们获得信息的最大来源,根据这一实证研究,运用虚拟情境对智障儿童进行感知觉康复训练,特别是在视觉、听觉方面康复训练提供了科学依据。

在智障儿童视觉、听觉、前庭与本体觉等感知康复训练中,运用"体感节奏战"虚拟情境进行康复训练效果良好。"体感节奏战"游戏画面视觉感非常精美,利用不同的色块图形搭建一个未来科技动感十足的场景,智障儿童需要紧跟节奏韵律,在"色块"出现在体感捕捉范围内时做出击打动作。由于体感捕捉的精确性要求很高,智障儿童视听觉要高度集中,对游戏情境中的色块进行视觉追视,对节奏感知准确,动作到位才能保证获得良好的成绩,这就改变了传统感知康复训练中用图片进行视觉训练,用音效进行听觉训练的单调低效方法。由于游戏中需要用身体上下左右移动规避随机出现的障碍物,学生的前庭与本体觉能力也得到了一定程度的训练。

3.4.3.3 沟通与交往能力的康复

沟通与交往是智障儿童社会适应能力的重要体现,主要包括语言准备、沟通技能、非语言沟通、口语沟通四个部分。在语言准备方面,由于智障儿童生活经验有限,参加社会活动少,心理过程发展比较迟缓,语言理解能力也较差;在沟通技能发展方面,主动与人沟通的动机弱,不能根据沟通情境的变化做出相应反应;在非语言沟通方面,对他人沟通信息不能恰当响应;在口语沟通方面,不能用合适词语表达自己的意愿。因此,要利用虚拟情境化解智障儿童沟通与交往迟缓的不利局面,帮助他们克服沟通障碍,发展交往技能,以便他们今后能够较为顺利地融入社会,顺应社会生活中的各种需求。

动物辅助治疗能够改善智障儿童的社交和交流技巧。因此,苏州工业园区仁爱学校利用与新加坡南洋理工大学共同使用开发的"粉红海豚"虚拟情境进行沟通与交往能力康复训练,在提高智障儿童沟通意愿、语言理解等方面作用明显(图3-4)。

图3-4　一名智障儿童接受“粉红海豚”虚拟情境教学干预

3.4.3.4　情绪与行为的康复

与正常儿童相比，智障儿童情绪与行为方面的障碍更为突出。由于他们在日常生活中饱受压力与挫折，抑郁情绪是智障儿童普遍存在的一个问题。因为认知能力低下，对来自外部的关爱缺乏积极的回应，对发自内心的需求表达不当，也不能正确控制自己的情绪，常伴有发脾气、爱哭、易怒等情绪表达与不适行为。班尼特(Barnett)研究发现，游戏确实可以帮助儿童降低焦虑，具有明显的调适功能。虚拟情境应用于智障儿童的情绪与行为康复训练，可以使他们在轻松、愉快的环境和气氛中无拘无束地参与游戏活动，情绪与行为得到良好的康复与矫正。

通过对多款情绪类虚拟情境比较，本研究选用“型可塑”虚拟情境对智障儿童进行情绪与行为康复训练。“型可塑”是一款集娱乐、健康、塑身于一体的虚拟情境，能让参与者获得更有趣、更持续的健身体验。在该游戏中，智障儿童可以在虚拟教练的指导下，通过体感虚拟情境来调适不良情绪，习得积极正向的交往技能。在轻松的虚拟情境下训练，不仅能缓解智障儿童的压抑、紧张、焦虑的情绪与行为，还能提升成就感、增强自信心。

第4章　培智学校的虚拟情境教学实施

针对智障儿童的身心障碍，围绕"动作是儿童能力发展的基础"这一基本思想，实施智障儿童"一体两翼"的虚拟情境教学具有现实意义。在智障儿童的虚拟情境教学实施方式上，本章的研究与实践克服了以往研究中重理论思辨轻扎根实践的弊端，完成了真正意义上的特殊儿童个别化教育康复中信息化教学载体建设和教学实施的方式呈现。第一，构建个别化教学载体平台以满足智障儿童教学的实施需要。第二，按照虚拟情境课程组织分类，在具体教学实施中，对"潜能开发"类虚拟情境教学与"缺陷补偿"类虚拟情境教学分别进行概念界定、特点探析及教育策略安排，以适切的教学方式对智障儿童进行教育与康复，并呈现出两类教学实施的典型案例。

4.1　开展虚拟情境教学的硬件载体

4.1.1　开展虚拟情境教学的硬件功能

虚拟情境在娱乐、推销、建筑设计、机械设计、计算机辅助教学、军事、航空航天、医疗、艺术、体育的信息交换和互相协作等方面有很好的应用。有研究指出，虚拟情境具有"3I"功能，表现为沉浸性（immersion）、交互性（interactivity）和构想性（imagination）等3个显著特性。沉浸性：沉浸感让内容"活"起来；交互性：交互感让人机沟通更有效；构想性：构想感让想象更广阔。由此，这些特性能较好地契合虚拟情境教学的展开。因此，开展虚拟情境教学的硬件设备须满足以下三个特性。

第一,沉浸性。具体来说包括视觉沉浸、听觉沉浸、触觉沉浸、嗅觉沉浸、味觉沉浸以及身体的感受沉浸。① 视觉沉浸。用户在虚拟情境系统中,处在一个虚拟的世界里,面对直观的三维立体视图,可以直接对环境进行操作,在使用过程中,产生视觉沉浸是非常重要的。② 听觉沉浸。除了视觉之外,另一个重要的感觉就是听觉,如果要获得好的使用体验,那么一定要在视觉基础上配置好同步声音效果,这可以大大地提高沉浸效果。声音效果主要是要建立一个立体的声音传播系统,它和普通的立体声不一样,普通的立体声可以判断来自某一个平面,但这里的立体声要求能判断出来自空间的某一个位置。它能对闪电、雷鸣、波浪等自然现象的声音进行模拟。在物体碰撞时,还可以根据它们发出的声音来准确判断出碰撞发生的具体位置。③ 触觉沉浸。在虚拟情境系统中,使用者可以使用各类交互器材,体验手握、脚踢等触觉的操作。这类器材的技术一直在进步,使用体验也越来越逼真,在虚拟世界中与其他物体接触,产生与现实世界相同的感觉。

第二,交互性。这是指体验者在虚拟系统中对事物操作程度和从虚拟系统中得到的感受和反馈的自然度。交互性主要分为以下几种:① 手势识别。主要是把手部动作映照到模型手完成触碰推拿等动作,或者是借用手指和手腕定位演化出激光交互。② 语音识别。在人和人自然交互中,声音是最主要信息表达方式。在虚拟情境中,虚拟情境设备贴近用户面部,获得的声音源更加稳定,识别效率会高于日常体验。③ 眼动追踪。通过眼动追踪技术,一方面可以缩小渲染范围,节省渲染资源。另一方面也可以根据用户视觉锁定范围实现一些功能,例如一个博物馆场景,一面墙排列很多作品,可以通过眼动追踪识别到用户具体在看哪部作品,进而触发隐藏的简介等。

第三,构想性。构想性也称想象性,是指使用者在虚拟空间中,与周围物体进行互动时,创造客观世界不存在的场景或不可能发生的情境,拓宽认知范围。构想可以理解为使用者进入虚拟空间,根据自己的感觉与认知能力吸收知识,发散拓宽思维,创立新的概念和环境。通过虚拟情境的营造,让人沉浸在这个环境中并获取新的知识,从而产生新的思考,呈现出设想性特征。例如，在军事模拟训练中，通过对虚拟环境及虚拟设备的体验、操作，提升对战场环境及武器配备的感性认识和理性认识，进而提高实际的作战技术。如今，虚拟情境在这方面能够发挥重要作用，如果用以往传统的方法，会浪费大量人力、物力及时间，并且还不一定能解决得了，风险也很大。但有了虚拟情境技术，就可以换一种思维和方法去处理这些问题。人们利用虚拟情境技术，沉浸在虚拟情境的世界里，依靠自己的感觉和认识全方位、全领域地去获取知识，积极主动地寻找解决问题的答案。

综上所述，虚拟情境系统具有的沉浸性、交互性、构想性，可以让体验者沉浸在系统构建的虚拟世界里，并且进行一系列互动。它是可以从视觉、听觉、触觉等方面全方位进行体验和理解的高级用户界面。

4.1.2 开展虚拟情境教学的硬件组成

虚拟情境是通过计算机构成的一种模拟情境，利用传感器设备使用户与情境直接进行互动的一种情境。在虚拟情境中，用户不再只是置身事外地观察，而是真正参与到人造情境中，利用视觉、听觉、触觉等途径使得用户与借助计算机产生的虚拟情境相连接，使其产生身临其境的感受。

从"3I"功能分析，开展虚拟情境教学的硬件要满足可感知、可定位、可操作的教学要求，由此，硬件载体要满足场景显示、人机交互、定位跟踪、行走交互4个方面的基本功能。

4.1.2.1 场景显示硬件

研究表明，人获取的信息70%～80%来自视觉，因此视觉系统是虚拟情境最重要的感知通道。同时，可感知也是师生在虚拟情境中进行人机交互的先决条件，所以场景显示方式及其设备是虚拟情境教学系统中人机交互的基本组成部分。

透视式头盔显示器是虚拟情境中经常使用的人机交互设备。其中，视频透视式头盔显示器利用安装在头盔前部的双目摄像机获取真实环境信息，计算机在摄像机视频中实时叠加数据、文字、图形等信息，使学生可以通过安装在眼镜前部的显示器，感知虚拟对象和真实环境视频融为一体的虚拟情境。另外，光学透视式头盔显示器利用安装在眼镜前部的双目光学合成器获取真实环境信息观察到计算机产生的数据、文字、图形等信息。

桌面式显示是许多学生习惯和需要的一类虚拟情境。桌面式显示系统将虚拟情境的场景图像投影到水平放置的显示设备上，使学生能够在工作台的水平面上完成交互操作。桌面显示系统主要由工作台、投影机和计算机组成。工作台包括反射镜和桌面显示屏，投影机将计算机生成的场景图像投射到反射镜，反射镜再将场景图像反射到显示屏。显示屏的场景图像既可以表现三维虚拟对象，也可以呈现可操作的系统工具和界面菜单。

随着移动计算设备和无线网络技术的快速发展，个人数字助理和智能手机已经具备了较高的信息计算、存储和传输能力，尤其是图形和视频处理能力，如嵌入式计算系统的三维图形库、移动计算系统的三维图形库以及移动计算系统的三维图形接口等，这使得移动计算设备能够表现虚拟的三维场景，也能够支持基于 GPS 定位、语音识别、手写识别等方式的多通道交互。基于移动计算的手持式显示能力越来越强，受到许多学校的关注。

4.1.2.2　人机交互硬件

许多虚拟情境硬件的应用需要用户感知虚拟情境中对象产生的力觉和触觉效果，例如力反馈操纵杆和触觉数据手套等，通过操纵杆的机械部件产生反作用力效果，使用户在虚拟情境中体验人机交互的力觉感知，不同的力反馈操纵杆具有不同的交互自由度和精度。

数据手套是一种多模式的虚拟情境硬件，通过软件编程，可进行虚拟情境中物体的抓取、移动、旋转等动作，也可以利用它的多模式性，用作一种控制场景漫游的工具。数据手套的出现，为虚拟情境系统提供了一种全新的交互手段，该产品已经能够检测手指的弯曲度，并利用磁定位传感器来精确地定位手在三维空间中的位置。这种结合手指弯曲度测试和空间定位测试的数据手套被称为“真实手套”，可以为用户提供一种非常真实自然的三维交互手段。触觉数据手套人的大部分交互行为是由手完成的，通过数据手套能够获得手掌和手指的位置、方向、姿态等信息，使用户能够方便地抓取、移动、装配、控制虚拟情境中的各种对象。

数据手套一般由富有弹性的轻质材料制成，大多采用重量轻、便于安装的光纤作为传感器，在每个手指的各个关节安装光纤环，以测量手指关节的弯曲角度，利用位置传感器检测手的位置和方向、手指的并拢或张开状态、手指的上翘或下弯角度等。同时，数据手套装有多个应变电阻片构成的传感器，通过检测应变电阻片对应的信号变化，获取手指在虚拟情境的交互信息。

数据手套可以用更自然的方式和虚拟世界的对象互动，捕捉双手的每一个细微的动作，轻松读懂人心中所想，极速响应，精准呈现精彩，让人真正沉浸其中，交互从此得心应手。

另外，智能语音助手是目前非常流行的人机交互设备。它能够通过人工智能技术，理解并响应用户的语音指令。用户可以通过语音指令控制智能家居、播放音乐、搜索信息等。语音识别技术的发展已经有半个多世纪的历史。20世纪60年代，伴随计算机技术的发展，语音识别技术也得以进步，动态规划和线性预测分析技术解决了语音识别中最为重要的问题——语音信号产生的模型问题；70年代，语音识别技术有了重大突破，动态时间规整技术基本成熟，并不断完善，为之后语音识别的发展做了铺垫；80年代，语音识别的研究更为丰富，各种语音识别算法被提出，其中突出成就包括模拟人工神经网络；进入90年代以后，语音识别技术开始应用于全球市场，许多著名科技互联网公司，如IBM，Apple等，都曾为语音识别技术的开发和研究投入巨资。

国内在语音识别技术硬件研发方面也取得了长足的发展。如科大讯飞提出深度全序列卷积神经网络（DFCNN），使用大量的卷积直接对整句语音信号进行建模。阿里提出LFR-DFSMN模型，将低帧率算法和DFSMN算法进行融合，语音识别错误率相比上一代技术降低20%，解码速度提升3倍。百度提出了流式多级的截断注意力模型SMLTA，该模型在LSTM和CTC的基础上引入了注意力机制来获取更大范围和更有层次的上下文信息。2021年，科大讯飞提出“语音识别方法及系统”专利，通过“静态+动态”网络空间实时融合路径解码寻优算法解决了面向多领域、多用户、多场景下识别效果差、反应速度慢、系统构建时间长等技术问题，显著提升了语音识别效果。

4.1.2.3　定位跟踪硬件

定位器是虚拟情境系统中跟踪确定三维空间的定位装置，为立体眼镜、头盔显示器、数据手套等交互设备提供跟踪目标的定位信息，使用户具有可以自由移动的交互空间，增加了用户交互操作的灵活性，其设备类型主要可分为有源跟踪定位方式与无源跟踪定位方式。

有源跟踪定位方式具有发射器和接收器，能够通过发射和接收信号之间的物理联系确定被跟踪对象的位置和姿态。无源跟踪定位方式不具有主动信号源，仅通过接收器测量接收信号的变化，确定被跟踪对象的位置和姿态。例如，电磁式跟踪器具有发射源，是目前应用较为广泛的定位跟踪设备。它利用三轴线圈发射低频磁场，通过被跟踪对象的三轴磁接收器获取磁场的感应信息，根据发射磁场和感应信号之间的耦合关系确定被跟踪对象的三维空间定位。电磁式跟踪器移动性好、精度较高、价格较低，但延时较大、易受金属或磁场干扰。

无源跟踪定位具有精确度高、性能稳定、延时较小、干扰较少的优点，但是其跟踪设备的移动性较差，因而限制了工作范围和应用场合。虚拟情境系统的头盔显示器可以利用机电式跟踪定位方式，确定用户头部的三维空间位置和姿态。随着陀螺器件的微型化，无发射源的惯性式跟踪定位方式已经逐渐应用于虚拟情境系统的目标定位跟踪。

4.1.2.4　行走交互硬件

行走交互方式是用户在交互设备上实际行走，交互设备将用户行走活动的有关信息传输给虚拟情境系统。行走交互涉及用户在虚拟情境的行进、转向、上下坡、越障、改变姿态等交互行为，主要分为踏板行走、地面行走和传动平台行走3种方式。

自行车模拟器是一种典型的踏板行走式交互，它利用刹车摩擦力模拟踏板阻力，利用飞轮和辐条模拟惯性和黏性，通过电动机调整踏板状态模拟上下坡，通过踏板和车把的位置传感器测量交互运动的幅度和方向。在实际应用中，用户踏踩具有力传感器的踏板，利用踏板的反方向作用力在虚拟情境中向前行走，并通过踏板支架的左右旋转在虚拟情境中改变行走方向。

地面行走式交互方式不需要踏板，直接通过传感器测量用户行走时关键点的位置和方向，确定用户在地面行走时的各种状态信息。在用户的鞋垫、膝盖、大腿、腰部等关键部位安放相关传感设备，如利用鞋垫的力传感器获取行走的脚步信息，利用膝盖传感器获取相应点的高度、速度和方向，利用腰部跟踪器获取相应点的位置和方向，通过头盔显示器及其传感器获取头部和视点的方位。

传动平台式行走交互包括两个相互垂直的传动平台，传动平台由旋转滚轴组成，滚轴利用伺服电动机和可旋转的平台支架，通过滚轴旋转获取行走脚步的位置和方向变化。用户穿戴的背带系统连接了安装在用户上方的位置跟踪器，可以获得用户行走时身体关键部位的位置和方向变化。同时，可以通过 CAVE 投影显示系统或者头盔显示器为用户提供三维虚拟场景。

4.1.3 3D 体感虚拟情境教室硬件组成

4.1.3.1 3D 体感虚拟情境教室基本硬件

《国务院关于印发国家教育事业发展“十三五”规划的通知》提到，要全力推动信息技术与教育教学深度融合，要综合利用互联网、大数据、人工智能和虚拟情境技术探索未来教育教学新模式，强化课堂教学、实习、实训的融合，普及推广项目教学、案例教学、情境教学等教学模式。

虚拟情境教学专用教室，是利用虚拟现实技术打造的一种全新教学环境。通过专用的虚拟情境设备，学生可以身临其境地进入各种虚拟场景，并与虚拟情境中的对象或事物进行交互。在这样的教室中，学生能够亲身体验各种学科课程，开阔视野，增加学习乐趣。

虚拟情境教室的优势主要体现在以下几点：第一，激发学生的学习兴趣。传统教室的黑板与讲台往往难以引起学生的兴趣，而虚拟情境教室能够营造视觉、听觉等多感官的沉浸式学习环境，激发学生的学习兴趣和注意力，提高学习效果。第二，个性化教学。虚拟情境教室可以根据学生的不同需求和学习能力进行个性化教学，采用互动的方式让学生更主动地参与学习过程。第三，重塑学习体验。虚拟情境技术可以让学生身临其境地体验历史事件、生态环境、化学实验等，将抽象的知识变得具体而有趣，更加深入人心。第四，节省资源成本。传统实验室设备及课程实验材料的采购和管理都需要大量人、财、物的投入，而虚拟情境教室，不仅能够节省资源，还能够提高学习效果。

随着人工智能和虚拟现实技术的飞速发展，虚拟情境教室应用已成为教育领域的热门话题。它可以为学生提供身临其境的学习体验，同时也能提高教师的教学效果。虚拟情境教室常用设备包括以下几个方面。

第一，虚拟现实技术设备。它通过计算机图形学、3D建模、传感器等技术，为师生提供身临其境的虚拟情境。在虚拟情境教室中，虚拟现实技术可以让学生在一个虚拟的场景中进行学习。虚拟现实技术可以让学生更加深入地了解学习对象，提高学习效果。这些设备可以提供强大的计算和存储能力，保证虚拟场景的流畅运行。

第二，智能化交互系统。智能化交互系统是指在虚拟情境教室中，学生可以通过各种交互手段进行学习和探索。例如，学生可以通过手势识别、语音识别等技术来控制虚拟场景中的物体，也可以通过VR手柄、头戴式显示器等设备来与虚拟情境进行互动。这些交互手段可以让学生更加深入地了解学习对象，提高学习效果。

第三，传感器技术设备。传感器技术可以帮助虚拟情境教室实现更加智能化的交互。例如，通过体感传感器可以捕捉学生的身体动作，从而实现更加自然的互动方式，生物传感器可以检测学生的身体状态，从而帮助教师更好地调整学习计划。传感器技术可以为虚拟情境教室提供更加精准的学习体验。

第四，多模态显示设备。头戴式显示器是虚拟情境教室中必不可少的设备之一。它可以将虚拟情境的画面直接投射到学生的眼前，让学生更加身临其境地感受学习场景。同时，头戴式显示器也可以为学生提供更加舒适的学习体验，减少学习疲劳。另外，裸眼3D技术可以在不戴3D眼镜的情况下，让学生直接观看投影的3D效果。这种技术可以为学生提供更加自然和舒适的学习体验，同时也可以减少对学生视力的损伤。裸眼3D技术对于虚拟情境教室来说，是一项非常有价值的技术。

第五，空气成像技术设备。空气成像技术可以通过将光线聚焦在空气中的特定位置上，创建一个看似悬浮在空中的图像。这种技术可以在不需要任何显示器或投影设备的情况下，直接将图像显示在空中。对于虚拟情境教室来说，空气成像技术可以提供更加真实和直观的学习体验。

综上所述，这些技术和设备可以为学生提供更加身临其境的学习体验，同时也可以为教师提供更加便捷和高效的教学工具。相信在未来，随着这些技术的不断进步和应用，虚拟情境教室会在教育领域发挥越来越重要的作用。

4.1.3.2 体感游戏虚拟情境教室硬件

体感游戏是一种通过肢体动作变化来进行（操作）的新型交互式电子游戏。体感课程采用由微软设计开发的 Kinect 设备，此设备是目前教育康复领域中运用较为成功的体感游戏设备之一。Kinect 具备强大的骨骼追踪功能，在游戏中能够跟踪6个完整骨骼和25个关节，并且能够进行准确的姿势评估，儿童在游戏中做出的每一个动作及姿势都能被设备精准识别，并且显示动作的准确度。

适用对象：具备以下特质或能力的特殊需要儿童，运用体感游戏的方式对其有更好的教育康复效果。

① 喜欢玩电子游戏，例如平板电脑游戏或手机游戏等。

② 看动画片时能够关注到动画片中的人物。

③ 能关注体感游戏情节并能做基本的模仿动作。

④ 面对3D画面不抗拒。

⑤ 能够在一个月内适应佩戴3D眼镜。

⑥ 能完成挥手动作，能以坐位、立位或跪立位完成活动。

⑦ 不良情绪爆发时，没有损坏物品行为的儿童。

硬件需求：

① 设备需求如图4-1所示。

Xbox 360 主机	1 台	
Xbox 体感套装	1 套	
可支持 Hdmi 输入的显示设备	1 台	
教学用白板或黑板	1 块	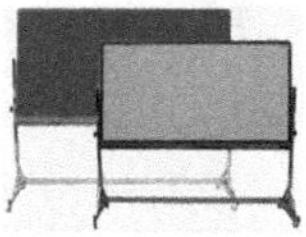
学生座椅	若干	
哑铃、沙袋	若干	

图 4-1　体感游戏教室基本设备

② 场地布置如图 4-2 所示。

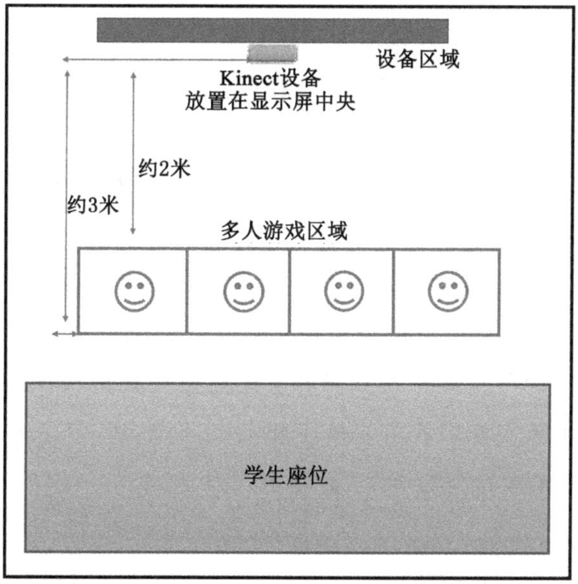

图 4-2　体感游戏教室场地基本参数

③ 设备安装如图 4-3 所示。

图 4-3 体感游戏设备安装布局

4.2 虚拟情境教学的软件与载体

4.2.1 满足虚拟情境教学的基本软件

虚拟情境生成技术产生以后,很快就在军事演练、航空航天和工业设计等领域得到应用。20 世纪 90 年代初,在巨大需求的拉动和应用部门的推动下,各种类型的虚拟情境系统开发工具开始出现。这些开发工具对降低虚拟情境系统开发门槛、提高开发效率起到了重要作用,推动了虚拟情境教学软件应用的发展。

近年来,在一些虚拟情境可视化开发平台的支持下,通过 GUI 配置和编辑实现大部分常规功能的虚拟情境应用系统有效降低了开发的技术门槛和要求。目前流行的可视化开发平台有法国达索公司的 VirtoolsDev,该平台通过提供一批可重复使用的功能模块和 GUI 编辑器,创建丰富的仿真物理模型,开发者只需进行选择和配置就可以快速建立一定的虚拟情境应用系统。

现有的分布式虚拟情境支撑工具包括虚拟情境服务器和分布式虚拟情境开发平台。采用虚拟情境服务器建立的分布式虚拟情境应用系统具有很强的模块耦合性，虚拟情境生成服务器和客户端的代码需要作为一个系统的两个部分进行开发。一些集成度较高的可视化开发平台，如 Virtools、EONStudio 等，都具有单独的虚拟环境服务器模块。分布式虚拟情境开发平台是将分布式虚拟情境应用系统中与分布过程有关的内容以及所需要的支撑服务提取出来，构建独立的开发平台工具。

在教育领域，虚拟情境教学软件已经成为促进教育发展的一种新型教育手段。传统的教育只是一味地给学生灌输知识，而虚拟情境教学利用虚拟现实技术可以帮助学生打造生动、逼真的学习情境，使学生通过真实感受来增强记忆，相比被动灌输，利用虚拟情境进行自主学习更容易让学生接受，这种方式更容易激发学生的学习兴趣。教育类虚拟情境主要包括以下常用软件。

(1) 科学实验模拟类软件：模拟真实的科学实验，帮助学生更好地理解和掌握科学知识。这种模拟实验的方式不仅安全，而且可以让学生反复进行实验，加深对科学原理和方法的理解。

(2) 历史场景重现类软件：可以重现历史场景，让学生亲身体验历史事件。通过这种方式，学生可以更好地理解历史事件的发展过程和背景，提高历史学科的学习效果。

(3) 语言学习类软件：可以为语言学习提供真实的语境。通过模拟真实的对话场景，学生可以提高口语和听力技能，更好地掌握语言知识。

(4) 医学教育类软件：在医学教育领域也有广泛的应用。通过模拟手术和其他医疗程序，学生可以在安全的氛围中学习和实践医疗技能，提高他们的专业能力。

4.2.2 开展虚拟情境教学的专用软件

Kinect 是微软在 2009 年公布的 XBOX360 体感周边外设(图 4-4)。Kinect 彻底颠覆了游戏的单一操作，使人机互动的理念更加彻底地展现出来。它是一种 3D 体感摄影机，同时它导入了即时动态捕捉、影像辨识、麦克风输入、语音辨识、社群互动等功能。玩家可以通过这项技术在游戏中开车、与其他玩家互动、通过互联网与其他 Xbox 玩家分享图片和信息等。

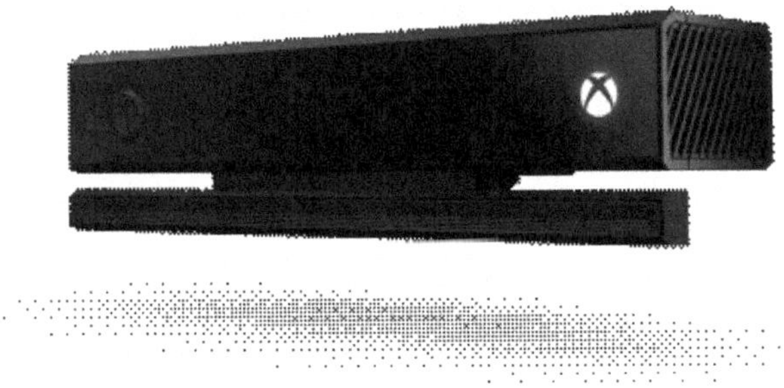

图 4-4　Kinect 体感游戏主机设备

微软的 Kinect 不需要使用任何控制器，它依靠相机捕捉三维空间中玩家的运动。微软指出它会让系统操作更加简易并以此来吸引大众。这个系统不仅能辨识人脸，让玩家自动连上游戏，它还可辨认声音和接受命令。摄像头在该系统中起到关键作用，它负责捕捉人肢体的动作，微软工程师就通过设计程序教它如何去识别、记忆、分析处理这些动作。

通上电源线，用 USB 连接线将 Kinect 连上 Xbox360，Xbox360 会识别并下载一些更新软件，之后就是校准阶段。在校准过程中，摄像头会自动识别人的面部并调整仰角，其他部件也会一一调校。

从菜单进入游戏的过程，是一种很新奇的感觉，如同科幻世界，挥动胳膊，不用任何按键，就可以选择选项并进入游戏。对于这种动作感应的平台来讲，运动类游戏是最常用的游戏，这从 WiiSports 就可以看出。比如 KinectSports，包含足球、橄榄球、滑雪、拳击、赛马等游戏，都非常有趣。比如滑雪，在 Kinect 上，玩者用实际的滑雪姿势下蹲，身体左右摇摆来控制方向，两手前后摆动来控制滑雪的动作。这同时也是体力上的训练，所以在培智学校教育康复中大有作为。

Kinect 精度好得超乎想象。对身体的跟踪非常准确，对不同的身体部位也辨认得很好。比如手举手落、脚的移动、摇头晃脑，Kinect 都能马上在屏幕中体现出来。

许多人都能享受到 Kinect 带来的乐趣，从四五岁的孩子到六十岁的老人。孩子可以通过自己的蹦蹦跳跳玩一些体育健身的游戏，而年轻人可以通过自己灵活的动作来玩一些动作或者射击游戏。

2013年，微软正式发布了最新软件开发包 Kinect for Windows SDK1.7。微软认为，此款更新是 Kinect 开发包发布史上最重要的一次更新。新 Kinect 作为新生代主机必不可少的一部分，开发者们可以基于 Kinect 能感知的语音、手势和玩家信息，为玩家带来前所未有的互动性体验。首先，新生代 Kinect 有更大的眼睛、更宽广的视野和 2D 彩色相机。新的 3D 视镜清晰度是原来的 3 倍，能够看到诸如衣服上的褶皱这样的细节，识别面部表情和玩家的五指。这些改进能让游戏开发者们创造出更侧重于交互性和真实性体验的游戏。此外，通过 XboxOne 主机，玩家的一些互动动作识别起来也会比原来精确。允许玩家站得更近或者更远，能够同时识别更多的人和不同的身高，比如家长和孩子一起在镜头前就可以同时识别出来。

结合智障儿童的学习特征，运动类 Kinect 游戏是本研究的一个重要虚拟情境类型，在下文的课程开发中，教学实践与效能均基于此类虚拟情境进行研究与应用。

4.2.3 虚拟情境教学载体开发思想

以儿童发展为中心的个别化课程与教学设计是近年来特殊教育发展的趋势。个别化教学强调以下几点：第一，根据不同儿童的不同兴趣与需要确定目标与任务，在此基础上提出结构合理的个别化教育课程，帮助儿童进行多项选择，为儿童设计合理的教学进度。第二，为儿童设计与提供有针对性的、可以理解的教学情境、教学资源与教学设计，以便他们能完成学习与训练任务。第三，每一个儿童完成任务的方式各不相同，教师要充分考虑他们的实际情况，因材施教，确定个别化教学的策略与方式。第四，为儿童学习提供反馈及评估方式，以检验学习效果，为下一步学习设计提供基础性的参考信息。传统的个别化教学的载体是课本、教具、标本等，这些资源往往是针对集体教学所设计与安排的。

在信息时代，应立足智障儿童发展的特殊性、课程教学改革的必要性、追求课程与教学改革的时代性与有效性。在实践层面寻求理论支撑，拓展创新智障儿童教育康复实践领域，根据信息时代智障儿童教育康复的新需求，本研究在实践中设计与应用智障儿童个别化教学载体，以满足智障儿童课程内容与教学实施的载体需要。特殊儿童个别化教育教学载体是破解特殊儿童居所分散、教师巡回服务不便、课程与教学适性不强、评估欠精准等特殊教育面临困境的手段之一。基于尊重特殊儿童的个体差异与特殊需求，遵循特殊儿童个别化教育时代发展内涵及其相关理论，针对我国特殊儿童个别化教育面临的现实问题和困境，设计了特殊儿童个别化远程教育支持系统。系统从生态评估到课程拟定，从教学实施到综合评鉴，提供了特殊儿童个别化远程教育的一站式全程教育支持服务。开发者以一名特殊儿童为个案对系统功能与应用进行了探讨，研究显示特殊儿童个别化远程教育对改善特殊儿童的个别化教育方式、促进特殊儿童的个性化发展、增强特殊教育的针对性和有效性具有一定的推进作用。

4.2.4 虚拟情境教学软件开发策略

4.2.4.1 特殊儿童个别化教学的历史沿革

特殊儿童的个别化教学是指对其个性的尊重基础上，变革以教材、教师为中心的教育为以学生为中心、真切关照每个特殊儿童潜能开发、个性发展的教育，主要包括个别化教育计划与个别教学两个方面，个别化教育计划是个别教学展开的内容依据，在各国特殊教育发展中受到普遍重视。

1975年，“个别化教育计划”(Individualized Education Program，简称IEP)一词最早出现在美国《身心障碍儿童教育法案》(The Education of all Handicapped Children Act)中，根据此项法案规定：所有的公立学校必须为所有的3至21岁的残疾人提供免费的、合适的特殊教育和相关服务，为每一个残疾人制定一份个别化教育计划。

我国台湾省在1997年修订《特殊教育法》时首次提出IEP的概念，指出“个别化教育计划是指运用专业团队合作方式，针对身心障碍学生个别特性所拟定之特殊教育及相关服务计划”。台湾省特殊儿童的个别化教育在借鉴美国个别化教育发展的同时，注重自我反思与改善，突破了“个别化教育计划”层面的束缚，实现了向“个别化教育程序”转变，满足了特殊儿童个别化教育的全程干预，特殊儿童教育的效能也相应地得到了较大改善。

4.2.4.2　特殊儿童个别化教育面临的现实困境

我国大陆地区于20世纪80年代开始引入个别化教育理念和方法。《中华人民共和国残疾人教育条例》指出，要根据学生残疾状况和补偿程度，实施分类教学，有条件的学校，实施个别教学。随着特殊教育办学条件与发展理念的不断发展，特殊儿童个别化教育也出现了从理念诉求向实操探索不断深化的局面，特殊儿童个别化特殊教育面临的时代问题，主要体现在以下三个方面。

第一，重视个别化教育计划的制定，轻视个别教学的实施，传统的书面形式内容冗长，形式繁缛，实际推进效果不能令人满意。

第二，评量工具不足，有些评量工具内容已落后于时代发展，有些项目的评量工具缺失，特别是干预后的综合评价与鉴定停留在文字与数字说明上，缺乏直观的可视化呈现与分析。

第三，个别化远程教育支持系统缺失，由于缺乏信息化媒体支持，特殊儿童转衔资料不完整或欠缺，个别化教育资源难以有效地共享与长期保存。

4.2.4.3　信息化环境下特殊智障儿童的个别教学策略选择

个别化教育最主要的思想是接受特殊儿童的个别能力及个别需求差异。以此为出发点，做到因材施教，制定其个别化教育计划，通过个别教学，助其潜能开发，缺陷补偿，实现特殊儿童个别化教育发展的高效和整体优化。一份优质的特殊儿童个别化教育方案需要有地方教育部门代表、学校负责人、医生、特校教师、学生及其家长或监护人等共同制定实施，实现有组织、有效率地教学，使教学活动不致散漫无章。

通过学习教育部发布实施的“盲、聋和培智三类特殊教育学校义务教育课程标准”及《特殊教育提升计划(2014—2016年)》中有关特殊儿童个别化教育的相关精神，结合笔者的研究和工作实践，本研究设计了体现时代内涵的特殊儿童个别化教育系统组成，具体如图4-5所示。

系统由干预前评估、课程、教学、地点、人员与干预后评鉴六部分组成。

干预前评估是指对特殊儿童进行介入前的全面评估，主要是从认知能

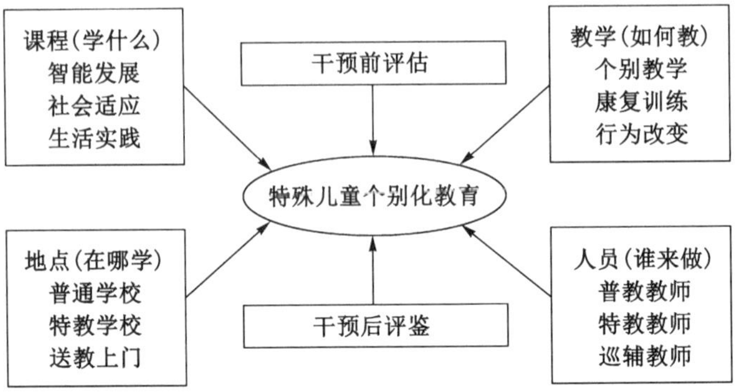

图 4-5　特殊儿童个别化教育系统组成

力、沟通能力、行动能力、情绪、人际关系、感官功能、健康状况、生活自理能力现有水平及特殊取向、兴趣、多元智能等方面进行生态评估,为制定个别化教育课程提供依据。

课程遵循国家特殊教育学校义务教育课程标准要求,针对特殊儿童在智能发展、社会适应与生活实践三个方面进行个别化课程设置。在课程设置中注重一般性课程与个别化课程相结合,一般性课程体现了对特殊儿童素质最基本的要求,个别化课程着眼于特殊儿童优势潜能开发。

教学为了适应特殊儿童的个别差异,一般采用小步子、多重复、多感官的教学原则。有些特殊儿童除了接受一般性课程的教学外,还需要通过诸如运动疗法(Physical Therapy,简称 PT)、言语疗法(Speech Therapy,简称 ST)、作业疗法(Occupational Therapy,简称 OT)接受各种训练、治疗或康复,如对个别特殊儿童的诸如刻板行为、口吃等不良行为实施行为改变疗育。

个别化教育地点是指为满足特殊儿童需求,尽可能依需要安置,并优先考虑普通学校的随班就读方式,再依次选择普通学校特教资源班、特教学校、上门服务等方式。因此,为了更好地为特殊儿童提供必要的学习和生活便利,还需要加强特殊教育资源教室、无障碍设施等建设。

人员是指实施特殊儿童个别化教育的教师团队,针对特殊儿童的课程设置、教学内容及安置方式,由普教教师、特教教师、巡辅教师来完成。其中特教教师是主要管理与沟通者，重点负责受教特殊儿童的教育安置、服务记录、档案管理等工作。

干预后评鉴获得了阶段评估、综合研判、可视化分析等资料，能帮助教师发现问题，不断改进和完善教学过程，引导未来个别化教育的迭代设计。通过干预后的评鉴，也能发现特殊儿童的学习潜能，增强其自信心，促进其身心发展。

4.2.5 虚拟情境教学软件开发应用

4.2.5.1 系统简介

通过对特殊儿童个别化教育时代内涵的分析，遵循个别化教育理论、多元智能理论、远程教育理论的核心观点，本研究设计了“特殊儿童个别化远程教育支持系统”平台，构建了以“生态评估→课程拟定→教学实施→综合评鉴”四大模块为主体架构的系统设计，实现了门户统一、网络管理、检索方便、数据共享、可视化智能统计等功能。本系统经过多次迭代开发，已逐步发展完善。

系统四大模块中每一个模块都是一个半开放的系统结构，可根据教育理念、课程发展、教学方式、评鉴量表进行添加、查看、修改和删除设置。在该系统中，学生的初始评估、课程、教学及后期评鉴都被系统记录下来，所生成的个别化教育计划、课程资源与评鉴分析又可作为后续设计依据，通过连续性迭代循环实操来修正、完善个别化教育设计，有效地促进了特殊儿童个别化教育质量的提高。

4.2.5.2 功能特点

系统四大模块的设计力求满足特殊儿童个别化远程教育需求，其远程教育特色主要体现在以下四个方面。

第一，促进了特殊教育数字化课程与教学改革。系统的设计能实现线上线下教育教学与康复训练的互相补充，能按人所需设计或推送有针对性的课程与资源，通过特殊教育远程化促进特殊儿童课程与教学改革，探索更有效的干预方式。

第二，创新了特殊教育远程教学模式。在施教地点上突破了普通学校、特殊学校和送教上门等形式中现实环境的限制，形成了特殊儿童个别化教育团队中普教教师、特教教师、巡辅教师通过远程教育环境开展教学、科研、资源等有效沟通机制，克服了传统教育康复中信息沟通难的局面。

第三，拓宽了送教上门的服务渠道。系统能化解重度障碍特殊儿童到校学习难的困境，能更好地服务于接受“送教上门”的特殊儿童，实现了巡辅教师上门施教与远程指导的有机结合，不仅能提高教育教学与康复训练效益，还能减轻巡辅教师路途奔波，这也是本系统设计中心思想的重要体现。

第四，实现了特殊儿童远程教育的可视化评估。该系统设计了具有一定智慧教育属性的数据可视化汇聚功能，实现了对特殊儿童的智能发展、社会适应、生活实践能力的可视化分析与评估，进而能够根据其个别化教育进程进行阶段分析、评鉴结果，及时及修正个别化教育方案，达成了功能较为整全的特殊儿童远程教育支持系统。

4.2.5.3 典型应用

整个系统通过四个模块的有机衔接来解决特殊儿童个别化教育中的典型问题。首先，对特殊儿童首先进行生态评估，了解学生的身体障碍情况、学习特点与个别化需求。其次，通过对其课程能力进行前期评量，找到每位学生的学习起点和最近发展区。最后，在此基础上拟定课程与教学内容，选择合适的教学策略与方式，实施个别化教育，完成个别化教育成效的综合评鉴。

本研究以一名脑瘫加智障多重残疾的特殊儿童(简称“儿童 C”，本个案研究中遵守教育科研的相关伦理原则，不会对研究对象的身体与心理造成伤害，并且得到了其监护人的正式许可)为个案，按照本文特殊儿童个别化教育系统框架的设计思想，为儿童 C 设计的课程是“3D 康复个训”，课程目标主要是改善其身体运动功能；施教内容为通过体感游戏对其进行粗大动作与精细动作的康复训练；教学模式采用由巡辅教师为接受送教上门服务的儿童 C 进行上门施教与远程指导相结合的方法。下面从生态评估、课程拟定、教学实施与综合评鉴四个方面的典型应用做进一步论述。

第一，生态评估。特殊儿童个别化教育是一份量身定制的方案，因此完整的基础资料是定制个别化教育方案的前提。在本模块中，生态评估由个人生态评量、选择性评估、多元评估、综合研判组成。

个人生态评量由学生基本资料、学生兴趣偏好、健康状况、能力现况-1、能力现况-2、家庭生活简述和期望与需求 7 个方面组成。其中能力现况-1 是对特殊儿童的认知、语言沟通、学业能力进行评估；能力现况-2 是对特殊儿童的生活自理能力、社会化及情绪行为能力、动作发展及其他能力进行评估。图 4-6 是儿童 C 的生态评量中能力现况-1 评估内容。

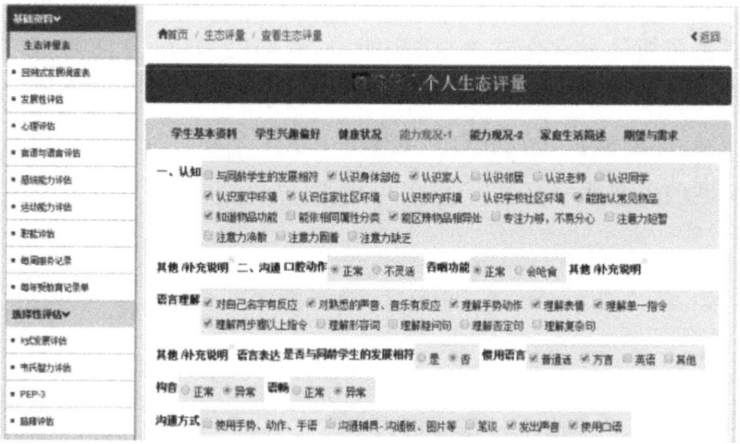

图 4-6　儿童 C 的生态评量

针对特殊儿童的障碍类型不同，系统还提供了选择性评估供评估团队选择性使用，如提供专门针对自闭症谱系障碍儿童的自闭症儿童心理教育评核(第三版)(Psychoeducational Profile-Third Edition，简称 PEP-3)量表；针对脑瘫儿童的脑瘫患儿手功能分级系统(Manual Ability Classification System，简称 MACS)量表。为了更好地发现特殊儿童的优势潜能，系统还提供心理评估、语言评估、感统评估、发展评估等专业量表供评估团队使用。

通过对特殊儿童的生态评量、选择性评估、多元评估数据的收集，进行需求分析发现，特殊儿童需求顺序依其重要性大致为生理方面→生活方面→社会人际方面→学业方面。例如，对有癫痫的特殊儿童而言，照顾其生理需求就远比学业发展更重要；对一个单纯的高功能自闭症儿童而言，进行提升社会人际能力的个别化教育服务也更显重要；而对一个轻度或中度的智障儿童就应提供生理、生活、社会人际、学业等全方位的个别化教育服务。

第二，课程拟定。我国特殊教育经历了1993年、2007年、2016年三次大的课程改革，当代特殊教育课程的价值取向逐渐从单一的补偿性、发展性或功能性，向以综合素质能力发展为核心的多元整合型发展，强调三者的相互渗透与融合。

本系统依据课程发展理念与国家新课标要求，将课程总目标分解成智能发展、社会适应和生活实践三个领域，每个领域又细分了次领域。比如将智能发展领域细分为动作能力、感知能力、认知能力、语言能力、数理能力、自我引导等。每一个次领域内容都有明确的说明，在学生达成度上从低向高分为四级：0.不能；1.辅助能；2.基本能；3.完全能。图4-7是儿童C的智能发展领域的现有水平评估。

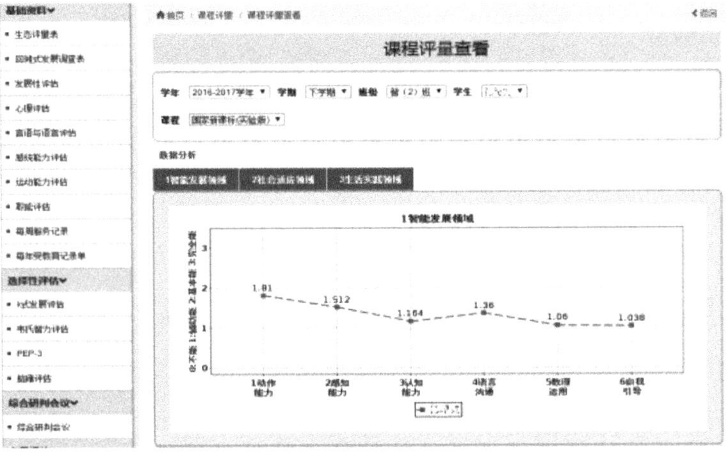

图4-7　儿童C智能发展领域水平评量

通过对儿童C的智能发展的课程前期评量，可以看出其动作能力与感知能力发展相对较好。一个主流的观点是发掘与善用儿童C的优势潜能，使其获得更进一步的发展或表现，促进劣势能力的补救与替代，并视其需求来提供个别化教育服务。教师通过评量分析，从该生现有水平出发，为其拟定了3D康复个训课程，精选体感游戏教学内容对其进行动作能力与感知能力训练，以达到提升粗大动作和精细动作能力，改善其视觉、听觉、前庭与本体觉以及综合运用的能力，满足其日常生活及学习活动中对不同信息接收、处理、运用等方面的需求。

第三，教学实施。特殊儿童个别化远程教育主要采用个别教学形式。个别教学的显著优点是针对特殊儿童的个性特征因材施教，这对提高特殊教育学校教学质量有重要意义。

近年来，个别教学在特殊儿童的技能培训、康复训练、行为改变中被广泛使用。《特殊教育学校义务教育课程标准（2016 年版）》指出，要关注学生的个体差异，通过情景化、个性化的学习体验活动，促进学生主动参与、积极体验和能动发展。据此，个别教学发展理念设计的“教学实施”模块，首页包括“导航搜索”栏和“个别教学列表”，主要由学年、学期、班级、学生、学科、课题、任教老师、周次、节次和维护等表单组成。比如，在该生的 3D 体感游戏教学实施中，系统包括教学目标、教学准备、安全事项、流程及方法、学生参与活动实录和教学反思等环节。由于康复训练需要持续进行，在节假日，巡辅教师可远程查看教学设计安排，利用在儿童 C 家中预置的体感游戏对其进行康复训练。图 4-8 为儿童 C 的 3D 康复个训教学实施内容。

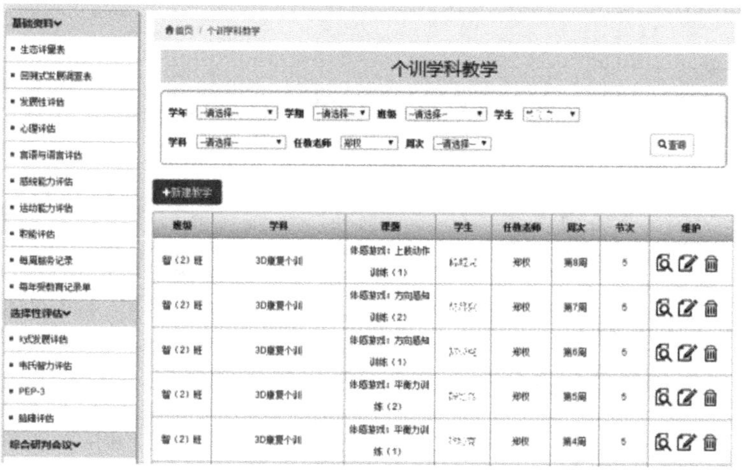

图 4-8　儿童 C 的个别教学内容

在模块“个训学科教学”首页中，可以通过“新建教学”进行教学内容增添与设计；如果需要查看该生教学设计及其他内容，在其列表后的“维护”中点击“查看”，相应地也可进行该生个别教学的“编辑”与“删除”操作；个别教学结束后，教师可在“教学反思”一栏进行教后反思。

第四，综合评鉴。综合评鉴是针对特殊儿童个别化远程教育活动，通过采集、组织、分析资料，加以描述及价值判断的过程。评鉴的方式主要有阶段性评价与总结性评价两个方面。

阶段性评价是对个别化教育计划中短期目标完成效果的评鉴，通过将该评鉴数据与个别化教育计划实施前的生态评估基线数据进行比较，就可以客观地显示经过一段时间个别化远程教育的成效，并将这一结果作为研制下一周期的个别化教育方案的依据。

总结性评价是学生完成一个学期教学内容后进行的综合研判。系统设计了定性评价与定量评价相结合的方式。评价主体坚持教师评价、学生自我评价、家长评价相结合原则；评价结果可以采用多种方式呈现，如折线图、评语、观察描述、案例分析、成长档案等。为了体现总结性评价的全面性，系统设计了由管理员（班主任）综合该生个别化教育不同学科课程的综合评鉴内容，统一根据教学目标、学科能力、教育康复等方面进行全面评鉴，具体如图 4-9 所示。

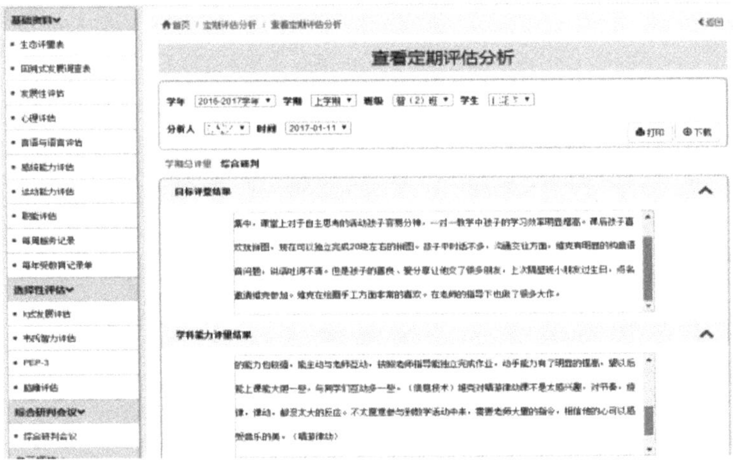

图 4-9　儿童 C 的定期评估

系统使用至今，已积累了 120 名特殊儿童共 2 000 多项个别化教育评量数据与可视化评估，可以为教师、家长及研究者提供学生整个教育康复过程中的不同阶段的发展水平。

综上所述，系统设计的特殊儿童个别化教学载体，从生态评估到课程拟定，从教学实施到综合评鉴，均提供了特殊儿童个别化教学的一站式全程教育支持服务，对促进特殊儿童的个性化发展，增强特殊教育的针对性和有效性具有一定的推进作用。

4.3　潜能开发类虚拟情境教学实施

本研究在理论层面立足智障儿童发展的特殊性、课程教学改革的必要性，追求课程与教学改革的时代性与有效性；在实践层面寻求理论支撑，拓展创新智障儿童教育康复实践领域，丰富信息时代智障儿童教育康复的新方式。

4.3.1　面向潜能开发的虚拟情境教学含义和特征

4.3.1.1　面向潜能开发的虚拟情境教学含义

古今中外，许多残障人士，尽管他们身心存在各种各样的缺陷和障碍，尽管他们的生存、生活与学习环境比较差，但他们有许多人取得了超越常人的成就。比如，音乐指挥舟舟，智力相当于三四岁的儿童，却能在中残联新春晚会上，成功指挥了《瑶族舞曲》和《拉德斯基进行曲》，并赴全国及世界各地巡演。弱智儿童陈元璞，虽然只有 6 岁儿童的智力，却能将世界级音乐大师的音乐作品变成流动着音符——《无音之乐》。这些事例足以说明，智障儿童由于智力障碍，可能掩盖了其他方面能力的发展潜力。因此，针对智障儿童的生理、心理特征，最大限度地开发他们的潜能，让他们在平等和谐的育人环境中，通过感知、动作、记忆、思维、语言等一系列的教育和训练，使他们的潜能有所开发，以获得更好的发展水平。

所谓潜能开发，就是用有效的方式开发、激发智障儿童自身的内在潜力。人的潜能有多种类型，多元智能理论成为潜能开发理论的重要依据，对智障儿童虚拟课程与教学改革具有重要意义。多元智能理论将人的智能分为八种智能,包括语言智能、逻辑智能、空间智能、动觉智能、音乐智能、人际交往智能、内省智能、自然智能。多元智能的提出对智障儿童教学干预具有重要理论指导意义。首先,在思想上,多元智能摒弃了以往单一方面看待智障儿童发展的陈旧视角,通过多维方式认识智障儿童的优势与潜能,利用优势智能逐步建立自信,逐渐发现自我,并带动其他智能的发展。其次,在内容上,多元智能不单纯强调认知、学科的单一化发展,而是根据领域项目划分,重视培养综合性能力。例如,音乐智能不仅代表着音乐天赋和超群的技能,还代表着成为一名音乐家、歌唱家所必备的一些素质。最后,在形式上,多元智能对于评估一名儿童智能的高低,不是单纯地从智力上划分,而是从8个甚至更多的多元智能领域上评估,杜绝了一把尺子衡量儿童智能发展的极端做法。

在面向潜能开发的虚拟情境教学中,主要基于本研究开发的校本课程内容,从健康、语言、社会、科学、艺术五个领域,对智障儿童进行综合课程的教学实施,以促进其各项潜能的开发。利用虚拟情境教学实施开发智障儿童的潜能主要体现在:① 身体潜能,例如伴随手足徐动脑瘫症状的智障儿童,他们在身体肌张力、协调性方面由于疾病影响,手部无法灵活运动,造成了手部动作发展的延迟,虚拟情境身心一体的交互性可以较好地促进智障儿童进行身体潜能方面的开发。例如可利用虚拟情境进行粗大动作或精细动作训练。② 社会潜能,例如可同伴利用虚拟情境进行合作完成活动,或按照虚拟情境中的指令进行交互,从而实现理解能力的培养。③ 感觉潜能,感知觉迟钝是智障儿童共有的典型表现,虚拟情境具有丰富的色彩与明快的音乐,智障儿童的感知能力可以更好地发挥出来。④ 情感培养,包括情绪识别、情绪表达、情绪理解、情绪调节、行为管理等,利用虚拟情境培养智障儿童的情绪识别能力具有良好的效果。⑤ 创造潜能,利用虚拟情境,智障儿童可以绘制一幅有创意的图画,或组建一个自己构思的工具,或对虚拟情境的情节进行有创造性的构想。

4.3.1.2 面向潜能开发的虚拟情境教学的特征

面向潜能开发的虚拟情境教学实施,是基于信息技术支持下的人机交互学习,是一种信息化学习方式,主要体现在以下三个方面主要特点。

(1) 情境体验,人机交互。

基于虚拟情境的学习是一种人机交互的观察学习,观察学习是从观察他人的行为及其后果中获得信息,从而导致自己原有行为改变的过程。虚拟情境下的智障儿童观察学习正在拓展与改变着传统的学习方式。余宏亮在分析数字时代的知识变革与课程更新时认为,随着数字时代的到来,学习方式已发生转变,应推动从现实情境的学习向虚拟情境的学习拓展。基于虚拟情境的智障儿童观察学习,能充分进行人机交互,实现身心一体的学习。在亲自参与体验中,智障儿童获得了能力发展与情感培养,有利于提高其六大基础能力:体验能力、反思能力、观察能力、主动实践能力、合作交流能力、信息技术能力。

(2) 内容多样,跨界组合。

基于虚拟情境的课程是一种综合实践类课程,是以学生的全人发展、核心素养理念与理论的指导的课程建构及教学实施,体现了内容的多样与跨界组合。

在内容方面,本研究开发的虚拟情境校本课程,本着"教康一体"的目标理念,从潜能开发与缺陷补偿两条主线进行课程开发与组织。比如,在潜能开发类虚拟情境课程开发中,从健康、语言、社会、科学、艺术五个领域进行教学内容组织。具体各领域的操作理念是,在健康类虚拟情境教学内容中,利用"体感节奏战"虚拟情境,促进智障儿童身体健康能力的发展;利用"粉红海豚"虚拟情境、促进智障儿童语言沟通能力的发展;利用"水果忍者"虚拟情境,在双人模式教育康复中促进两名智障儿童进行合作与协调等社会性能力的培养;利用"数字比大小"虚拟情境,培养智障儿童科学思维的养成;利用"舞力全开"虚拟情境,培养智障儿童对节奏的理解。在缺陷补偿类虚拟情境内容中,也是从动作、感知觉、沟通与交往、情绪与行为四个方面进行综合康复内容的组织。

虚拟情境是一个综合性的跨界组合综合实践类课程,教学实施中体现的具身性、体验性、交互性与环境嵌入性等特点,契合智障儿童的发展规律,规避其身心障碍短板,促进了智障儿童教育康复形式的多样化发展。虚拟情境设计中融入了一定的思想、知识、情境等元素,其教育康复效能往往具有迁移性，通常是应用利用虚拟情境针对智障儿童的某一方面进行教育康复时，其他方面也获得了良好发展，在目标达成上起到了综合教育康复效果。

（3）主动参与，自主构建。

一方面，由于智障儿童个体受生理疾病因素的影响、环境支持或刺激不足而导致发展延迟，给本身的一些认知或行为带来了障碍；另一方面，由于智障儿童认知功能低下造成心理上的自卑，其个体发展速度普遍存在着发育迟缓的现象。虚拟情境可以较好地化解智障儿童上述学习中的不利因素，为其学习与发展提供较好的心理、情境与导学支持。

心理支持：在虚拟情境中，智障儿童面对界面友好的人机交互，在自主体验与学习过程中，不会受到批评与指责。虚拟情境具有良好的学习指导与反复尝试功能，克服智障儿童因“失败”带来的沮丧，激起他们学习的积极性和主动性，智障儿童的自信心得到恢复和增强，激发了其学习的积极性和主动性。

情境支持：虚拟情境具有良好的学习情境再现功能，改变了传统物理情境中信息的瞬间即逝和不可保留的特性，可有效化解智障儿童感知能力较弱的劣势。有研究指出，智障儿童10秒钟仅能记忆3～4个数字，记忆的数量仅是正常儿童的一半，他们需要反复多次地尝试或教学干预才能达到教学目标，而虚拟情境的重复再现功能可较好地满足智障儿童的学习需要。智障儿童也可根据自己的兴趣或需要，自主调用虚拟情境内容进行自我教育康复，这种可重复、小步子、多循环的教学方式正体现了智障儿童的教学特色，充分发挥了环境支持优势。

导学支持：虚拟情境为智障儿童教育康复提供了媒体与内容支持，媒体与内容支持具有良好的导学功能。比如，在运动类虚拟情境中，虚拟同伴会实时给予智障儿童动作技能示范及语言提示；在智能培养类虚拟情境中，往往会以导学提示、问题互动等形式进行导学辅助。虚拟情境系统内学习内容是教师按照教育康复目标精选的学习资源，并根据教育康复主题进行阶段性、顺序性的教学实施；也可由学生主动选择相关主题的虚拟情境，体现以生为本的教育康复思想。

4.3.2　面向潜能开发的虚拟情境教学实施策略

面向潜能开发的虚拟情境教学实施策略，旨在根据虚拟情境课程的内涵与特点，针对智障儿童的身心特征提出指导性的预期，是教学目标达成的应对措施，是教学实施的内在主线。

4.3.2.1　目标厘定：融汇统整，多元感知

教育心理学家本杰明·布鲁姆认为，完整的教学目标包含三个领域内容：认知领域、动作技能领域和情感领域。在不同的领域又可以将教育目标按照由简单到复杂、由低到高的顺序进行分类，如在认知领域中，将目标按照从低到高的指向分为理解、领会、应用、分析、综合和评价六个层次。2007版的培智学校教学目标从智障儿童的发展性、社会性和实践性三个基本属性出发，将总目标分解成智能发展、社会适应和生活实践三个领域。在教学目标拟定中要考虑以下几点：智障儿童的发展性，能针对智障儿童身心发展规律，依循智障儿童显著个别差异水平进行目标拟定；能促进智障儿童功能性发展，针对智障儿童个体心智发展与社会环境要求之间矛盾日益扩大的问题，采用智能与环境互动的思路来实施教学干预；寻求情境生态，依据智障儿童个体具体生活环境以及个人生涯发展历程开发情境课程；社会性支持，关注智障儿童内心愿望，鼓励自我决策，依据生活质量核心指标，从支持的角度开发课程。

虚拟情境课程是依循儿童全人发展、核心素养及社会化技能培养为目标指向的课程，是一种综合实践类课程。

例如，在“粉红海豚”虚拟情境教学目标拟定中，认知领域的目标是，智障儿童能理解海豚的形状；动作技能目标是，能根据语音提示，完成身体的左右转向、上下蹲起动作。在情感领域的目标是，能根据任务完成情况，有积极的情绪变化。再如，“新体感脑力锻炼”是一款以身体动作来挑战各式各样的问题来测验“脑年龄”的游戏。其中的“数字比大小”是一项数学认知类小游戏，该游戏需要学生用双手做出大于号或小于号形状，符号开口指向较大的数字，则回答正确。学生通过肢体动作整合，在游戏操作中习得数字大小的概念。在教学目标拟定中，认知领域的目标是，智障儿童能理解两个

数字的大小;动作技能的目标是,能根据语音提示,用肢体摆出大于、小于的符号,并知道符号开口指向大的数字。情感领域的目标是,能通过系统反馈,对自己的学习能力有正确评价。因此,智障儿童认知领域、动作技能领域、情感领域的目标达成,要本着融汇统整、身心实践的目标取向,体现学生在课程目标完成中的自主性和创造性,重视个体经验和学习过程中的体会。

4.3.2.2 内容组织:依托情境,身心实践

虚拟情境已成为智障儿童教育康复的“时代场域”。在这个学习场中,促进智障儿童的学习潜能与身心康复是选择教学内容的基本立足点。培智学校课程与改革的学习观体现出这样的一种思路,要着力构建与现实生活紧密相关的教育康复情境,让智障儿童展开有针对性的教育康复。优选能帮助智障儿童从认知、动作及社会技能等方面内容,提供可激发他们自主视、听、说、动等多方面能力的自发引导。因此,在内容选择上,要本着依托情境、身心实践的策略从以下几个方面考虑。

第一,遵循智障儿童身心发展的规律与顺序选择内容。智障儿童由于能力受限,他们的学习动机较弱,记忆容量有限,所以在选择教学情境时,不能量大面广。如果在过多的虚拟情境中频繁切换学习内容,他们会感到难以理解与适应,他们往往对经常使用的具有典型性特征的虚拟情境包容性更强,对内容也有更为深入的理解,所以在选择虚拟情境中,不要频繁更换虚拟情境。让智障儿童学习具有典型性特征的内容,更有利于他们愉悦地学习,也更容易激发他们的自我效能感。比如,智障儿童对《水果忍者》虚拟情境中的双人协同切水果方式比较认同,两名学生同时进行切水果游戏,能有效地克服独立能力差带来的后果。他们相互提示、相互帮助,为更高的得分而协力切开所有的水果,在与同伴共同完成一项游戏任务的过程中,可以培养智障儿童的同伴意识。

第二,以提升智障儿童生活能力为目的选择内容。这主要是指根据智障儿童生活的需要或成长中经验的需要,为他们提供适性发展的课程。思想家、教育家卢梭倡导自然教育,倡导尊重儿童发现天性的教学论。卢梭认为,好奇心是寻求知识的动力,而原始好奇心存在于自然的生活之中,虚拟

情境正是通过高仿真的情境创设，通过多感官体验生活情境，以智障儿童的区域性生活为原型，将适应生活作为选择教学内容的基本线索，让智障儿童突破课堂限制，最大限度地回归生活化教学。

第三，面向智障儿童的身心实践选择内容。课程论专家施瓦布(Schwab)建立了一个根植于实践的新课程开发理论——实践性课程，该课程由教师、学生、教材、环境四个要素构成，其中学生是实践性课程的核心，教材是为满足学生的问题与需要来设计的。另外，与教材相比，学习情境的问题，学生的需要和兴趣具有优先性。虚拟情境的功能具备其所指的教材内容综合灵活性和社会生活性等特征，如在《过马路》(*Cross the Rode*)虚拟情境中，该情境模拟真实交通场景，绿灯亮起车辆来来往往，红灯亮起车辆处于停止状态。该游戏强化了智障儿童的道路安全意识，帮助其掌握基本交通规则，使智障儿童在实践中完成这一实践性课程的目标，社会化技能不断提高。

4.3.2.3　方式选择：人机交互，虚实协同

智障儿童虚拟情境教学实施要以特殊教育学习理论与教学理论为依据，在本研究中，多媒体学习理论、具身认知理论、行为主义理论为设计教学实施方案提供了理论指导，在理论指导的基础上，依据学生的个别差异来开展教学实施。在实施教学活动的方式中，无论是采用个别教学还是团体协同教学活动，都提倡教师间的协同教学，学生的合作学习，并依据学生的反馈，灵活调整教学方案。

(1) 情境教学：多媒体学习理论的可靠保障。

在教学信息的传播中，媒体是一个十分重要的因素，教学引进新媒体技术，催生了教学内容传播的新形式。多媒体学习认知理论是由美国当代教育心理学家、认知心理学家理查德·迈耶在其著作《多媒体学习》中提出的他认为多媒体学习可分为五个步骤：选择相关的文字→选择相关图像→组织所选择的文字→组织所选择的图像→将基于文字和基于图像的表征进行整合。情境教学要求教师在教学过程中，有目的地引入或创设具有一定情绪色彩的、以形象为主体的生动具体场景，以引起学生一定的态度体验，从而帮助学生理解教材，并使学生的心理机能得到发展。情境教学法的核心

在于激发学生的情感。

智障儿童由于认知障碍，思维处于形象认知阶段，因此以多媒体学习认知理论为指导，采用虚拟情境教学，充分发挥智障儿童的认知形象化特点，提供多媒体呈现的学习信息，让智障儿童在信息化环境下学习与发展，是信息化环境下智障儿童教学改革的新路向。

(2) 协同教学：具身认知理论的方式呈现。

具身认知理论为智障儿童虚拟情境教学带来了新视角与新路径。具身认知理论指出，任何知识都在具体情境中才能显示出特定的意义与价值，让智障儿童亲身实践是其掌握知识与技能的重要方式。为了更好地促进智障儿童的实践，师生在具体情境中协同教学，让智障儿童在亲身实践与体验知识和技能中获得具体意义。

在虚拟情境中实施教学，教师与虚拟导师可以根据教学需要进行协同教学，比如，由虚拟导师进行动作或行为示范，智障儿童进行观察学习，当交互动作不规范或程序进行困难时，由教师进行协同教学，指出学生的不足，提出改进建议。协同教学还体现在智障儿童团体协同或小组协同两个方面，在团体协同中，可实行生生互动示范等教学机制；在小组协同中，可以将一个班级分成2～5名儿童为一组的若干小组进行教学。小组教学便于教师对学生进行细致的指导，同时也可以进行学生间的互动，形成丰富多样的学习活动。

(3) 程序教学：行为主义学习理论的有力支撑。

在智障儿童教育康复中，行为主义仍然是特殊教育康复和教学干预的主要思想之一。行为主义重视情境作用，他们利用情境促进智障儿童学习与发展。行为主义指导下的程序教学是智障儿童教学的常用方式，心理学家斯金纳开发的程序教学法认为，教师是教学过程的设计者和组织者，是训练者，而学习者在教师创设的环境中接受知识。他们对知识的掌握有赖于能否反复练习和得到及时的反馈。他提出的程序教学的基本思想是：小步呈现、积极反应、及时反馈、自定步调、提高效果。按照行为主义的学习观，要使学生积累大量有组织的知识和技能，就必须提供相应的情境来支持教师向学生有效地传递信息，并且让学生有机会反复操练技能，直至熟练化。

虚拟情境是一种信息化导学系统，学生可以根据情境线索进程，随时、随需对学习进行管理。比如，对没有理解的内容进行再现，反复学习，较好地解决了智障儿童领悟力和理解力薄弱、学习能力不足、知识和技能掌握缓慢等问题。

特殊教育学专家方俊明认为，行为主义的确说明了一些问题。比较而言，行为主义的原理与方法在特殊教育领域中的使用最为广泛。在对智障、听障、视障儿童的行为训练中，都大量采用了行为主义的矫正与训练方法，并取得了一定的效果。尽管在近半个世纪认知心理学兴起之后，行为主义遭到许多批评，但行为主义的强化训练法，还是在特殊教育尤其是中重度残疾儿童的训练中被大量使用。

4.3.2.4 评价确认：针对差异，包容个性

教学评价是对教学工作质量或教学活动的整体功能所作的测量、分析和评定。鉴于智障儿童课程、教材与教法的特殊性，在教学评价中应淡化学科，突出学生个体在智能发展、社会适应和生活实践领域的整合性和均衡性；评价重点关注学生在不同阶段表现出来的发展性、功能性、环境生态的支持性等方面；评价体系要涵盖课程设置方案是否有利于落实教学目标体系，教育计划是否匹配每个儿童的教育需求，教学活动是否指向每个学生的教学目标，是否达到预期教学成效。

基于虚拟情境教学智障儿童教学评价，就是要把构建符合特殊教育规律、体现信息时代特征的信息化教学评价作为评价的新理念。在注意传统智能与发展等评价量表使用的基础上，针对智障儿童的个体差异与包容个性，合理引进国际先进的评价理论与方法，以保障评价的科学性与适切性。

特殊教育评估常采用质性评价方式与实证研究的量化方式。特殊教育领域常采用现场评估、活动评估、阶段评估和总结评估等方式来评价教学成效。现场评估是对教育教学活动进行及时的现场评估，通过观察、分析、总结，决策，即刻采取应对措施，解决关键问题，调整教学活动，增进教学成效。活动评估是对各种教学活动成效进行的测评，每次教学活动结束后，教师和有关人员都应该对该教学活动中的教学目标完成情况进行测评，了解、分析

目标达成的情况，并依据测评结果进行下一步教学活动的调整。阶段评估是客观地显示经过一段时间（一般是一个学期）的教育教学，学生获得的学习成效，并根据这一结果作为新的基线制定下一周期的个别化教育计划。总结评估是学生完成一个学段或毕业时进行的评估。总结评估具有全面评价及转介的意义，一般采用学生生活质量的核心指标进行评估。

随着实证研究在特殊教育领域受到重视，单一被试实验与《国际功能、残疾和健康分类（儿童青少年版）》（ICF-CY）两个最具前瞻性的技术与理论开始在特殊教育领域应用。为避免单一被试实验设计中的单基线撤回设计的实验结论代表性不强、推广性不强等局限，本研究实验中还将增加研究对象的数量和多样性，进行多基线撤回设计，以验证实验结果的普适性与可推广性。另外，ICF-CY 教育康复绩效评估是一种国际化评估体系，使用 ICF-CY 对智障儿童进行评估，不是为了将他们按照能力或类型进行区分，也不是仅仅为了进行诊断，而是为了评估智障儿童的身体结构和功能，以更好地干预和辅助方式促进他们的自主发展，提升他们的活动和参与能力，再配合环境因素的支持，使他们最终能够适应社会、融入社会。因此，ICF-CY 的评估结果对智障儿童的教育和康复有重要的指导意义，对个别化教育计划的制定和实施也有重要的参考作用。教师可以根据评估结果有针对性地选择课程、教学和训练。

4.3.3 面向潜能开发的虚拟情境教学实施案例

《潜能开发：倾听与模仿》教学设计

一、教学内容

本节教学是综合实践活动设计，内容是苏州工业园区仁爱学校（简称“本校”）与新加坡南洋理工大学合作研发的 3D 虚拟情境“粉红海豚”，教学目的是促进智障儿童的语言、社会、艺术等领域的潜能开发。

二、学情分析

智障儿童障碍通常表现为不能正确倾听与理解别人的言语，观察和模仿能力较弱，对艺术品的鉴赏能力不足。因此，培养智障儿童良好的语言能力，社会性发展智障儿童身心健康和其他各方面的发展都具有重要意义。本课中选取1个中重度障碍班级的智障儿童，他们在心理与学习方面，普遍存在感知觉迟钝、缓慢，注意力不集中，语言理解与表达能力薄弱等典型特征。

三、设计理念

《粉红海豚》是由本校与新加坡南洋理工大学合作研发的3D虚拟情境游戏。针对智障儿童的心理与学习特征，设计开发本游戏的初衷是利用虚拟现实技术为智障儿童设计一款能真实体验，充满童趣、充满活力的虚拟情境。主要意图有三：第一，通过创设自由、宽松的语言交往情境，鼓励和支持智障儿童与虚拟导师交流，领悟虚拟导师的指令，并能通过肢体动作进行积极回应。第二，智障儿童的社会性发展主要是在日常生活和游戏中通过观察和模仿潜移默化地发展起来的，所以要创设其容易接受的虚拟情境方式，避免简单生硬的说教。第三，通过其动作模仿，促进智障儿童在人机交互时的行为模仿与行为养成。

四、教学目标

知识与技能：学生能在虚拟导师的指导下倾听，理解意图，并执行虚拟导师发出的1～3个口语指令。

过程与方法：学生能按照老师要求在指定区域等待，按游戏进程完成各项人机交互。

情感、态度与价值观：能理解系统实时反馈的信息，根据信息表达自己的情感。

五、教学策略

在《粉红海豚》体感游戏中，学生将扮演一名海豚乐园的小小海豚训练师。当学生根据虚拟导师的言语指令、图像指令做出规定的动作时，小海豚就会开心在海洋中欢快地跳跃，学生动作做得越准确得分就越高，小海豚将会越开心。在教学中运用信息化环境的人机交互教学方法，由虚拟导师与教师引导智障儿童与虚拟情境展开人机交互，通过游戏进程牵引智障儿童思维向纵深发展，并能结合现实情境拓展学习，通过虚实情境的迁移达成教学目标。

六、教学过程

教学环节	师生活动	设计意图
（一） 情境创设 激发兴趣	· 同学们，今天老师将会带你们一同去海豚乐园，乐园里有大海龟、大章鱼，还有两只非常可爱的粉红海豚！你们想不想去？你们想跟海豚一起游戏吗？如果你们想，那么就先必须成为一名合格的海豚训练师，只要你正确做出规定动作，海豚就会翻滚与跳跃，你们准备好了吗？ 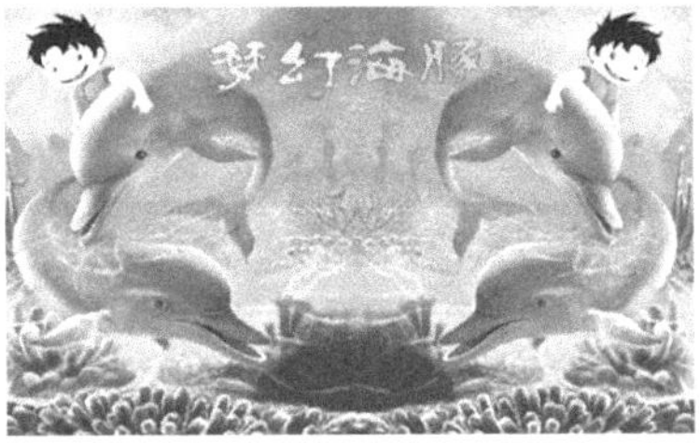 《粉红海豚》3D 虚拟情境界面	· 感知虚拟情境“粉红海豚”的界面虚拟情境 · 培养对画面艺术的兴趣
（二） 解析规则 正确示范	· 打开《粉红海豚》游戏，点击“开始游戏”进入游戏界面 · 游戏开始后，将电视切换至“3D 模式”，并指导学生佩戴 3D 眼镜  · 学生将乘坐大海龟前往海豚乐园。引导学生站立在指定的游戏区域内开始游戏 · 游戏规则介绍：游戏左上角有一个小朋友，只要正确模仿“小朋友”的动作，小海豚	· 教师示范是虚拟导师示范的补充，可以一边示范，一边讲解

<table>
<tr><th>教学环节</th><th>师生活动</th><th>设计意图</th></tr>
<tr>
<td>（二）
解析规则
正确示范</td>
<td>
就会跳跃穿过章鱼洞，并得到一个图形，得到的图形将显示在左下角的记分区域；当学生做出的动作与标准动作不一致，将会出现“跟我学”字样，并引导学生纠正动作

• 教师讲解游戏回合，正误与得分显示方式

<table>
<tr><th>关卡</th><th>指令</th><th>指令呈现形式</th><th>正确反应</th><th>错误反应</th></tr>
<tr><td rowspan="5">学习关卡</td><td>挥动你的左手</td><td rowspan="5">镜面动画示范
+
字幕提示</td><td rowspan="5">海豚跳跃
字幕：你真棒
声音：正确
动作示范窗口打√
取得一个红色的圆球</td><td rowspan="5">海豚不跳
字幕：跟我学
动作示范窗口打×
不得分</td></tr>
<tr><td>指一指海豚</td></tr>
<tr><td>抬高你的左手</td></tr>
<tr><td>抬高你的右手</td></tr>
<tr><td>侧向伸展你的右手</td></tr>
<tr><td>第一关</td><td>一个画面
随机出现一个指令</td><td>镜面动画示范</td><td>海豚跳跃
字幕：你真棒
声音：正确
动作示范窗口打√
取得一个绿色的圆球</td><td>海豚不跳
字幕：跟我学
动作示范窗口打×
不得分</td></tr>
<tr><td>第二关</td><td>一个画面
随机出现一个指令</td><td>镜面动画示范</td><td>海豚跳跃
字幕：你真棒
声音：正确
动作示范窗口打√
取得一个红色的圆球</td><td>海豚不跳
字幕：跟我学
动作示范窗口打×
不得分</td></tr>
<tr><td>第三关</td><td>一个画面
随机出现一个指令</td><td>镜面动画示范</td><td>海豚跳跃
字幕：你真棒
声音：正确
动作示范窗口打√
取得一个蓝色的圆球</td><td>海豚不跳
字幕：跟我学
动作示范窗口打×
不得分</td></tr>
</table>
</td>
<td>• 学生观察虚拟导师的动作及语言提示，做出动作，进一步理解动作要领
• 教师必要时进行重复示范，以让学生正确的习得技能</td>
</tr>
</table>

教学环节	师生活动	设计意图
（二） 解析规则 正确示范	结合游戏回合介绍，正确反应如下图所示：  ·游戏时，教师需要结合虚拟导师的语言与动作提示，不断通过以下语言指令让学生更加理解所模仿的动作  	
（三） 主动探究 师生协同	· 单人游戏，学生站在指定位置，佩戴 3D 眼镜后开始游戏 · 游戏时，教师根据学生的能力程度，为其提供不同的支持方式：能力较强的学生，用手势指左上角的“小朋友”，引导其关注；能力一般的学生，可以在此基础上增加口语指令支持，例如“抬高你的左手”“侧向伸展你的左手”“向海豚挥动你的左手”等；能力较弱的学生，在以上辅助的基础上，可以再增加一定肢体辅助来完成动作 · 在学生习得游戏规则后，使用渐隐的方式缓慢撤回学生在游戏中的支持，最终学会连续完成 3 个动作 · 游戏结束后，记录学生的星级评分、游戏使用时间、游戏正确及错误的次数 · 游戏结果点评：奖励得分最高的学生，并指出游戏中学生做出错误动作的解决办法	· 学生轮流训练，掌握任务分工与协作方法 · 在学生轮流训练时，教师指导学生观察同伴的训练

教学环节	师生活动	设计意图
（四） 虚实结合 拓展放松	游戏名称:《模仿达人》 游戏准备:存有若干动物小视频的平板电脑 游戏过程: · 双人游戏,两名学生面对面站立,学生甲表演动作,学生乙猜 · 将准备好的小动物视频播放给学生甲观看,10 秒钟后发出指令:“请开始模仿动作” · 学生甲需要使用肢体模仿小动物的动作,不能使用口语进行表达,学生乙猜测动物的名称 · 若回答正确,换下一个动作,学生甲模仿,学生乙继续猜 · 游戏限制 5 分钟,猜对最多动物名称的小组获胜	· 通过虚拟情境教学,进行在现实情境下相似类型的潜能开发拓展教学 · 利用游戏化教学方式,实现虚实一体教学

七、教后反思

根据教学实效与听课教师的反馈意见,反思如下。

1. 在教学方式中采用虚拟导师指令与师生协同的虚实一体教学模式,激发了儿童的兴趣,学生参与度高,体现了综合实践课程的特色。

2. 在教学内容上关注智障儿童的潜能开发,从语言、社会、艺术多领域对其进行知、情、意、行等方面的熏陶,较好地达成了教学目标。

3. 教学干预评估,要以游戏系统平台评估与教师实时评估相结合,量化评估也是将来进一步采用的评估方式之一。

4.4　缺陷补偿类虚拟情境康复训练实施

4.4.1　面向缺陷补偿的虚拟情境教育康复含义与特征

4.4.1.1　面向缺陷补偿的虚拟情境教育康复含义

据中残联第二次全国残疾人抽样调查结果,我国残疾人占总人口的

7%，推算平均15个人就有1个残疾人，每4～5个家庭中就有1个残疾人，截至2017年年底，我国获得基本教育康复的残疾儿童总数仅为854.7万，残疾儿童教育康复工作依然任重道远。智障儿童在我国每年新增的残疾儿童中所占比例最高，同时也是我国特殊教育的主体。教育部2015年全国教育事业发展统计公报显示：全国特殊教育学生在校人数为44.22万人，比上年增加4.74万人。其中，智力残疾学生23.21万人，视力残疾学生3.67万人，听力残疾学生8.94万人，其他残疾学生8.40万人，智力残疾学生占比为52.49%，从统计数据来看，智障儿童的康复训练在残疾儿童康复训练中量大面广，占有重要的位置，也是康复的重点与难点。

康复(Rehabilitation)，原意指复原、恢复原来良好的状态，重新获得能力，恢复原来的权益、资格、地位、尊严。在特殊教育学校，康复训练是为满足不同学生的康复需求而设置的课程。由于智障儿童在我国是一个群体庞大、障碍类型多样、需求各异的群体，这就需要充分考虑智障儿童的不同残疾状况、个性特征、认知能力、学习方式等差异，从现有基础出发，开展有针对性、有梯度性的康复训练，逐步提升他们生活及学习的能力。

特殊教育学校在康复训练中秉承这样一个主流的观点，将教育康复作为主要方式，以医疗康复作为辅助方式的综合康复训练模式。在特殊教育学校的康复训练课程中，动作训练、感知觉训练、沟通与交往训练与情绪与行为训练构成康复训练的基本组成部分。在具体康复训练中，要针对学生的不同康复需求，制订个别化康复训练计划，采取多学科、跨专业的综合训练方法。近年来，常用的教育康复训练方法有物理疗法、作业疗法、感觉统合疗法、言语疗法、游戏疗法等，特别是游戏疗法由于契合智障儿童天性，对其运动能力、认知发展、社会性发展、情感发展、个性特征等发展方面效果良好，受到康复师、特殊教育学校教师及家长的广泛推崇。

当前，针对我国智障儿童的障碍程度不断加重，运动障碍、社交障碍以及多重障碍不断增多的现状，传统的以手法操作或简单康复训练器械辅助的康复训练模式单调乏味，效率低下，难以满足智障儿童发展需要，改革势在必行。《中华人民共和国残疾人保障法》规定：我国残疾人康复工作应当以实际出发，将现代康复技术与我国传统康复技术相结合，加强康复新技术的研究、开发和应用，为残疾人提供有效的服务。为全面贯彻党的“办好特殊教育”的精神，落实《国家教育事业发展“十三五”规划》《“十三五”加快残疾人小康进程规划纲要》等精神，我国先后颁布了《中华人民共和国残疾人教育条例》、《特殊教育提升计划》(2014—2016 年)、《第二期特殊教育提升计划(2017—2020 年)》。各省为了更好地促进文件的有效实施，也颁布了相关的文件。文件在课程与教学改革方面提出了通过加强特殊教育信息化建设，重视教具、学具和辅具的应用等手段来推进差异化教学和个别化教学，提高教育教学的针对性目标。《中华人民共和国残疾人保障法》指出，我国残疾人康复工作应加强康复新技术的研究、开发和应用，为残疾人提供有效的服务。通过特殊教育信息科技化解传统教学弊端，实现特殊教育现代化的优质发展成为时代共识。

4.4.1.2　面向缺陷补偿的虚拟情境教育康复特征

信息科技的发展为智障儿童康复训练提供了改革环境与路径支持，虚拟情境在智障儿童康复训练中的应用探索，正是科技以人为本在特殊教育领域中的集中体现。面向缺陷补偿的虚拟情境教育康复，是基于新一代信息技术支持下的人机交互康复，与传统的康复训练相比，虚拟情境在智障儿童康复训练中的应用，实现了训练目标从单一康复向综合康复的转变，训练方式从现实情境向虚拟情境的转变，训练手段从人工或器械辅助向体感游戏支持的转变，对提升智障儿童康复训练质量具有一定的研究与实践价值，具体主要体现在以下三个方面主要特点。

(1) 智能化。

随着我国虚拟现实与人工智能的快速发展，虚拟情境设计研发的理念与技术的发展也与时俱进。近年来，虚拟情境常常应用于行为矫正与身心康复，运用有针对性器具或手段开展和实施某些程序和方法改变智障儿童的行为。比如，英国纽卡斯特大学研发的“智能家居与环境控制”虚拟情境，可治疗残疾人恐惧症，引导其适应环境，最终克服恐惧。智能辅具给残障人提供了辅助和支持，确保他们更好的健康状态和生活质量，并帮助他们在自己的居所里过上积极而充实的生活。

通过国内外研究现状分析，尽管研究与技术均有了长足的发展，但对智障儿童的教育康复应用研究仍是短板，不能满足智障儿童所需的智能化、个性化等发展趋势，具体表现在以下三方面：第一，从已有智能化虚拟情境的种类来看，主要集中在智能康复训练机器人方面，教育康复类的产品较少，其应用处于起步阶段。第二，智能化虚拟情境的教育康复干预的设计与实施模式还没有形成。第三，虚拟情境支持下的智障儿童教育康复效果有待揭示。

(2) 游戏化。

游戏代表着儿童的自由、天性与潜能，教育家们都试图把游戏看作教育中的有效教育手段。教育家约翰·洛克认为，儿童是天生的游戏者，游戏有利于儿童身体和情绪情感的发展。德国学前教育家福禄贝尔指出，游戏不仅锻炼了儿童的身体力量，而且使儿童的精神和思想得到升华。在智障教育历史上，法国著名精神科医生塞甘(Seguin)的智障教学理论至今仍有主流的指导意义，他所采用的教育康复方法主要是游戏和正强化的方法，他设定的教育康复顺序是：运动觉与各种感觉的物理训练→智力恢复训练→道德和社会化训练。

游戏是儿童活动的主要形式，是进行开发潜能、培养兴趣、塑造性格、启蒙教育的重要途径，近年来更有研究者将智障儿童的康复训练以游戏化的方式展开。根据韦伯的身体动作知觉学习理论，激发主动性，通过感知觉、身体动作与表象来认识世界，扩展经验、迁移技能等就变得极其重要。而游戏是所有儿童积极主动、真实自然的学习活动。游戏活动具有趣味性，抓住智障儿童的感知觉和动作学习方式，同时为智障儿童的游戏化教育康复创设资源，为智障儿童的主动性体验学习创造有利的、发展适宜性的环境和条件，这也正是特殊学校，尤其是培智学校游戏化教育康复的根本目的。

虚拟情境在智障儿童康复训练中的应用，正是智障教育与游戏教学理论在信息时代创新融合的新表征。虚拟情境能较好地引导智障儿童参与到康复训练中，改变了传统康复中的机械与无趣；虚拟情境的涉身性能增强智障儿童康复训练的强度与力度，提升康复效果；虚拟情境的体验性还能改善智障儿童的社会认知能力弱化、生活环境适应性差、情感表达贫乏等症状。

(3) 社会化。

虚拟情境下的智障儿童康复训练,不仅是对身体功能的康复训练,还包括对其动作康复训练、感知觉康复训练、沟通与交往能力康复训练、情绪与行为康复训练。虚拟情境在这四个方面的训练往往具有社会性情境设置,体现了康复训练的社会化。《培智学校义务教育康复训练课程标准(2016 年版)》提出,康复训练要为智障儿童适应生活和适应社会打下基础。重视智力障碍学生的社会化发展,通过虚拟情境创设相似的社会化情境,对其进行康复康复训练,以减少智障儿童社会化发展中的困难。

虚拟情境把康复训练植入有针对性的情境中,帮助智障儿童能面对虚拟情境建构其经验,通过师生互动、生生互动等社会活动,实现智障儿童与世界的创造性、交融性的社会互动。

游戏是智障儿童康复训练过程中有效且趣味性强的活动,虚拟情境大多具有游戏化的属性。在虚拟情境的游戏化教育康复中,智障儿童在引导下通过与游戏内容的直接交往,积极参与,尝试建构生活经验等。通过师生、同伴间的交往互动,智障儿童能习得一些交往的要领,或者学会倾听、等待、轮流、评价、分析、表达等技能,理解社会生活规范的意义,形成与人交往的需要、态度与技能。

4.4.2　面向缺陷补偿的虚拟情境教育康复实施策略

4.4.2.1　康复目标:四维一体,综合康复

智障儿童是高度异质而多样化的群体,除智力障碍之外,多数伴有运动、感知觉、沟通与交往、情绪与行为等障碍,其个体间差异及个体内差异较为显著。教育与康复的有机结合,能补偿学生身心缺陷,满足其学习与发展需求。康复训练对提升学生生活质量具有不可替代的特殊功能,在培智学校教育中占据十分重要的地位。为提升康复目标达成,本研究采用"四维一体、综合康复"的策略促进康复目标的实现。

"四维一体"是指把动作、感知觉、沟通与交往、情绪与行为等方面的康复训练融为一体,注重康复训练的发展性,遵循学生身心发展规律,从其现

有的基础入手，依照学生的最近发展区逐级设定目标，开展有梯度的多样化训练，逐步提升学生生活及学习的能力。

“综合康复”是指对智障儿童某一方面的能力进行康复训练时，兼顾其他方面的康复。由于虚拟情境的涉身性、体验性、交互性与环境嵌入性等特点契合智障儿童的发展规律，因此能够规避其身心障碍短板，促使智障儿童康复训练形式更加多样化。虚拟情境设计中融入了一定的思想、知识、情境等元素，使得康复训练往往具有迁移性，通常是应用一款虚拟情境针对智障儿童的某一方面功能进行康复训练时，其他方面也获得了良好康复，起到了综合康复训练效果。虚拟情境在智障儿童康复训练中的应用是信息科技在特殊教育领域的创新研究与实践。随着智障儿童数量和障碍类型不断扩大，康复训练理念不断发展，康复训练内容也应向更加个性化需求趋势发展，因此，设计、开发与应用个性化虚拟情境对智障儿童进行康复训练是未来发展的取向。另外，在康复训练中要注重虚拟情境与现实情境结合起来进行综合康复，二者应互为补充，以实现智障儿童康复训练效益的最大化。

4.4.2.2 康复内容：以需为本，身心发展

智障儿童由于各种各样的原因，身心发展的诸多方面都存在着不同程度的障碍或缺陷，这些障碍或缺陷导致他们有不同的康复需要。《中国残疾人事业“十一五”发展纲要（2006—2010 年）》提出“人人享有康复服务”的目标，对智障儿童而言，如果康复得不到满足，将直接影响他们的学习与生活，有的智障儿童手眼协调能力差，就应该利用虚拟情境进行手眼协调的精细动作训练，如让学生在虚拟情境中进行攀岩或保龄球训练，进而训练其精细动作；为了促进其平衡性训练，还可以让其在虚拟情境中进行躲避障碍物训练，借此训练灵活性、移动性及平衡性。因此，在康复内容选择上，根据智障儿童的缺陷类型，有针对性地选择虚拟情境内容。教师还可充分利用学生的家庭生活和社区环境等康复资源，协同运用虚拟情境与家校资源，开展虚拟情境与现实情境下的康复训练相结合，以促进智障儿童身心协同发展。

在康复内容选择上，根据时代发展与理念的不同，康复内容的选用也各

不相同。张春兴在《教育心理学》一书中认为，康复训练的内容主要包括身体发展的康复训练、认知发展的康复训练、社会发展的康复训练三个方面，后来随着时代的发展，又提出了还需要对智障儿童进行职业康复等思想。《培智学校义务教育康复训练课程标准(2016 年版)》指出，课程内容分为动作训练、感知觉训练、沟通与交往训练、情绪与行为训练四大模块，在康复训练中，要根据训练目标，从四个模块中细化，再创设或优先选用虚拟情境。如选用《保龄球 VR》对智障儿童进行手部动作训练。根据《保龄球 VR》虚拟情境的设计，智障儿童要进行指点、抓握、拿取保龄球的动作，在推拉、扭转等基本动作训练中，可结合本虚拟情境中的三种保龄球玩法，如直线球、曲线球和飞碟球进行有针对性的康复训练。又如，在第二部分的感知觉训练中，要求智障儿童能利用视觉完成简单的动作模仿，教师就可以选择"水果忍者"虚拟情境中切水果游戏，来能追视眼前移动的各类水果，跟踪水果移动的轨迹，在水果移出屏幕前切掉水果，并在游戏结束后，根据屏幕提示，摆出"忍者"造型，实现对智障儿童的感知觉康复训练目标。

另外，培智学校还应积极拓展与虚拟情境相配套的物理性康复资源，提供丰富的康复训练器材或辅具支持，开展虚拟情境与现实情境相结合的康复训练，使两种康复训练方式都能获得智障儿童的接受，以期达到良好的康复训练效果。

4.4.2.3　康复方式：医教结合，因人施训

我国第一期《特殊教育提升计划(2014—2016 年)》在第六部分的"深化特殊教育课程教学改革"中提出，要为特殊儿童提供良好的、基本的康复用具，探索"医教结合"模式，为特殊儿童提供个别化的康复训练。

基于虚拟情境的智障儿童康复训练方式要把握两个层面，一是康复的理念要秉承医教结合理念；二是康复的方法要因人施训。这就要求教师不仅要掌握虚拟情境下基本教学技能，还要掌握康复学的必要知识，二者有机融合于智障儿童的教育康复中，才能达到良好的教育康复效果。智障儿童在虚拟情境的引导下，通过与虚拟情境的直接交往，积极参与，尝试建构生活经验等。通过师生、同伴间的交往互动，智障儿童的身心障碍获得了较好的矫正，对其可能发生的障碍或病变也能具有一定的预防康

复作用。

“医教结合”不仅满足了特殊儿童本身发展的需要,而且对其家庭乃至社会都有着巨大的积极意义。随着社会的进步和科学技术的发展,人们对于医教结合的认识和理解程度不断深入。第一,医教结合是特殊教育工作的基础。特殊人群的功能恢复、缺陷矫治及其发展不单纯是医学领域或是教育所能独立解决的问题,也不是先医后教或是先教后医所能完成的,而是要将两者有效结合才能速到理想的目标。第二,医教结合所涉及的残疾儿童的鉴定评估,教育和医疗康复方案的设计、组织实施以及结果需要教育与医学人员共同参与。从实践层面来看,特殊教育工作的开展,具备一定医疗康复知识和教育教学知识的专业人士自是必不可少的,他们应该是具有教育教学和医学康复的专业技能,制订特殊教育方案技能的综合性的、应用性的人才。这样,智障儿童的康复训练工作的开展才能得到相应的保障。

在具体的康复训练方法上要因人施训,康复训练方法要符合学生的认知特点,契合智障儿童身心发展规律。通过本研究开发的校本课程实践显示,在虚拟情境下较好的康复训练方法有观察模仿法、练习反馈法、游戏引导法等。

观察模仿法:是指智障儿童通过观察虚拟情境中虚拟导师所做示范,模仿虚拟导师动作来达到康复训练的目标的方法。这种观察模仿方法可对智障儿童进行动作康复与语言技能训练,如上下肢康复训练、运动技能与平衡能力训练以及对语言的理解力的训练。为了防止智障儿童在观察模仿中机械、盲目地模仿,教师在其观察模仿中,要注意纠正动作、适当讲解,以促进其理解能力的提高与康复训练中动作及语言的规范性。

练习反馈法:动作技能的熟练程度可以通过动作的速度、准确性、力量或身体平衡来反映,而熟练程度是不断进行反复训练才能体现出来的。虚拟情境是一种数字化学习情境,可以反复使用而不至于信息衰减或变形,可以较好地促进智障儿童的多次反复训练需求。智障儿童由于理解力较差,只有不断练习才能加快技能的形成,有利于康复。在训练完成后,实时反馈对激发智障儿童康复训练的意志及兴趣至关重要。一般虚拟情境设计开发均具有屏幕实时反馈功能,智障儿童可以通过屏幕获得训练效果评价,听到有鼓励的反馈,促进其更好地参与康复的动机,获得更为满意的康复效果。

游戏引导法:是以虚拟情境为载体,充分调动智障儿童的积极性与主动性,让他们在游戏活动中进行康复训练的方法,游戏引导法是近年国家在中低年级儿童教学中比较推崇的。由于虚拟情境呈现方式多具有游戏化属性,能化解传统方法训练中枯燥单调的训练模式,因此将游戏引入智障儿童的康复训练中,为智障儿童创造自由、趣味的康复情境,让其在游戏的情境中训练,保持训练兴趣,通过虚拟情境中的体验游戏、互动游戏、操作游戏等活动形式可有效提高教学成效,促进智障儿童的身心发展。

另外,还要拓展学校与家庭合作、社区互动的康复方法,利用家庭中、社区中已有器具,如健身设备,公共设备作为康复器具对智障儿童进行身心康复,以促进康复方式的有效延伸。

4.4.2.4　康复评估:动静相辅,客观实用

康复评估的意义在于,通过评估增进智障儿童及其家人对补偿自身缺陷的需要,帮助理解康复对自我成长的作用,增强自信心,促进自我与家人更加努力地参与到康复训练中去。对社会来讲,康复评估也能促进对智障儿童康复效果的认识,为设计与调整康复政策、完善康复设备提供信息参考。科学有效的评估活动是提高教育干预成效、促进儿童发展的重要保障。

康复评估“动静相辅”策略是指静态评估与动态评估相结合。静态评估是注重智障儿童的动作、感知觉、沟通与交往、情绪与行为四个方面或其中一个方面的当前发展水平。动态评估是以前测→训练→后测为顺序,跨越多个时间点的评估,它不仅注重目前的发展水平,而且注重评估学生的过程性发展,以便康复教师及评估人员及时进行分析,根据评估结果对康复计划进行修正与调整,制订更为可行的康复方案。为了使评估更为有效,学校应吸收教师、医生及家长共同组成团队,联合对智障儿童进行评估,通过教育观察、医学鉴定、家长访谈等多种方式获得智障儿童更为全面客观的信息。

在评价方法上要采用多样性方法，评价应坚持质性评价与量化评价相结合。评价方式具体包括观察、访谈、调查、测验、动态评价、成长资料袋评价等，评估团队在评价过程中要灵活运用评价方式。比如，在动态评估策略中，首先，由相关专业人员、家长和教师一起进行康复测评，根据学生的个别需求，制定康复目标。其次，由专业人员提出训练建议，进行康复训练，并指导和培训教师和家长。最后，进行康复训练成效评估，并在此基础上拟定新一轮康复计划，直至达到预期的康复效果。

在培智学校中，智障儿童不仅有单纯的智力障碍，有的还伴有自闭症、脑瘫或其他方面的障碍。因此，适切的评估量表选择需要客观实用。ICF-CY针对儿童和青少年的发展特点，全面评估儿童和青少年的健康和功能，成为近年来最常使用的一种客观实用的功能性评估量表。功能性评估通常又称为行为和临床评估，智力发展障碍儿童的功能性评估是指专门对智力发展障碍儿童发展过程中身体各部分机能等水平进行实际测量和评价的过程。

功能性评估一般从以下四个方面进行评估：① 身体功能，是指对身体各系统的生理、心理功能进行的评估，主要包括精神功能、感受功能、发言与语言功能等方面。② 身体结构，是指对躯体如器官、肢体及其构成成分的解剖结构的评估，主要包括眼耳和有关结构、发音和语言的结构、与运动有关的结构等方面。③活动和参与，是指对个体执行一项任务或行动能力及其投入环境程度的评估，主要包括交流、活动、自理、人际交往与人际关系等方面。④ 环境因素，是指对构成生活和指导生活的自然、社会和态度的评估，主要包括支持、态度、服务等方面。对此量表的应用功能、指标采集、评估方法将在下文虚拟情境教育康复干预中做更进一步的阐释。

4.4.3 面向缺陷补偿的虚拟情境教育康复实施案例

《缺陷补偿：肩部肌力与耐力训练》教学设计

一、训练内容

本节康复训练内容是根据《培智学校义务教育课程标准(2016 年版)》中

课程目标要求，从虚拟情境《你的塑身：进化版2012》中，选取“飓风”与“打气”两个模块，对智障儿童进行肩部肌肉耐力训练。

二、学情分析

伴有脑瘫的智障儿童在智障儿童中占有较大的比例，他们在行动中往往依靠上肢进行助行，其中相对轻度的需要上肢抓握辅助器具，重度的需要使用上肢摇动轮椅行动。因此，上肢肩部肌力与耐力是他们生存与生活的补偿性保障。本课选取3名评估相近的伴有脑瘫的智障儿童，他们能在同伴或老师的搀扶下上下楼梯，协调性一般；上肢肩部肌力较弱，跑步与弹跳能力不足，不能单脚站立蹦跳。

三、设计理念

“飓风”与“打气”是虚拟情境《你的塑身 进化2012》(Your Shape Fitness Evolved 2012)中的两个健身体感游戏，以3D效果再现各种训练场的情境，参与康复人员能根据系统侦测功能，不仅能清晰地看到自己的虚拟身体各部分运动踪迹，还可以根据系统实时提供建议纠正动作，达到最有效的康复训练成果。在训练内容方面，“飓风”游戏，通过伸直双臂，旋转双手动作来训练肩关节灵活度；而“打气”游戏，通过伸直双臂，上下挥动动作来训练肩部肌力及耐力，两个游戏在上肢康复训练中交替使用，可以较好地完成设计的康复训练。

四、训练目标

1. 提升学生肩部关节灵活度，使其能灵活摆动双臂。

2. 提升学生肩部肌力及肌耐力，使其能完成摇动轮椅或对日常物品的搬运等活动。

五、训练策略

运用“示范→模仿→类推→创造”康复训练方法。在虚拟情境下，由虚拟导师和教师严谨规范的示范引导学生模仿，通过模仿牵引智障儿童思维由类推向创造纵深发展，以掌握虚拟情境与现实情境下肩部肌力及耐力训练等多种方法。

六、训练过程

教学环节	师生活动	设计意图
（一） 激发兴趣 导入训练	教师打开虚拟情境展示《你的塑身 进化2012》中的“飓风”与“打气”两个模块，让学生直观感受康复训练的界面，倾听虚拟导师解说训练的程序与方法  《你的塑身 进化 2012：飓风》体感游戏界面  《你的塑身 进化 2012：打气》体感游戏界面	· 感知虚拟情境中“飓风”与“打气”两个游戏规则 · 观察“虚拟导师”动作及语言提示，理解动作要领
（二） 师生协同 习得技能	正确示范1： · 打开《你的塑身 进化 2012》，进入“飓风”游戏 · 教师站在指定区域内进行游戏 · 游戏开始时，教师示范动作，双臂侧平举，保持双臂伸直同时根据系统语音提示进行顺时针或逆时针转动 	· 教师示范是虚拟导师示范的补充，可以一边示范一边讲解 · 教师必要时进行重复示范，以让学生正确习得技能

教学环节	师生活动	设计意图
（二） 师生协同习得技能	· 转动上肢节奏适中，不易太快或太慢，根据游戏的提示控制转动双臂的速率，当速率正确时，学生的手臂将会产生“飓风”，把周边的气球全部从地上吹起来 · 游戏时间为 60 秒，记录游戏后的分数及消耗的卡路里。动作准确且速率合适则分数高 正确示范 2： · 打开《你的塑身 进化 2012》，进入“打气”游戏 · 教师需要站定在指定区域内进行游戏 · 游戏开始时，教师双臂侧平举，保持双臂伸直，同时根据提示大幅度地上下摆动双臂，以此给气球打气  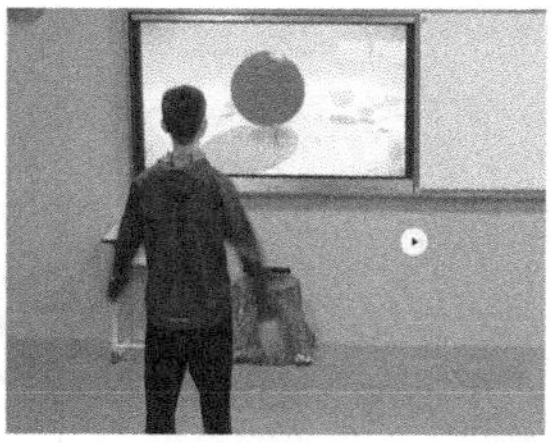 · 摆动双臂的速度越快，摆臂幅度越大，则气球充气越快，直至打爆气球，打爆 1 个气球记 1 分 · 游戏时间为 60 秒，记录游戏后的分数及消耗的卡路里	· 教师示范是虚拟导师示范的补充，可以一边示范一边讲解 · 教师必要时进行重复示范，以让学生正确习得技能

教学环节	师生活动	设计意图
（三） 人机交互 功能康复	游戏训练 1： · 以单人轮流游戏模式开始 · 首次游戏时，教师需要指导学生听音乐节奏以及荧幕上的提示，来保持双臂匀速转动；第二次游戏时，可以通过降低提示的方式，让学生自主练习 · 记录每次游戏得分，横向与其余同学的成绩进行比较，纵向与自己的成绩进行比较 游戏训练 2： · 以单人轮流游戏模式开始 · 首次游戏时，教师需要指导打气时务必双臂伸直；第二次游戏时，可以通过降低提示方式，让学生自主练习 · 记录每次游戏得分，横向与其余同学的成绩进行比较，纵向与自己的成绩进行比较	· 通过单人轮流模仿，培养学生遵守社会规则 · 学生轮流训练，一方面可以观察同伴的训练；另一方面也可以在轮流空隙时间保证训练间歇的休息
（四） 虚实训练 拓展迁移	拓展训练： ·“画大饼”训练：按照“飓风”游戏的方式，利用社区户外“肩部活动器”开展 1 分钟训练，间歇训练 3 组 	· 通过“飓风→打气→画大饼→举哑铃”等类推练习，进而迁移到现实情境中的训练

<table>
<tr><th>教学环节</th><th>师生活动</th><th>设计意图</th></tr>
<tr><td>（四）
虚实训练
拓展迁移</td><td>•“举哑铃”训练：按照“打气”游戏的方式，利用家庭购买的儿童哑铃开展1分钟训练，间歇训练3组

• 尝试其他可行的器械进行以上两类康复训练</td><td>• 培养学生能利用社区及家庭的训练器械进行训练
• 实现学校、家庭、社区三结合的虚实一体康复训练模式</td></tr>
</table>

七、训后反思

根据教学实效与听课教师的反馈意见，反思如下：

1. 在康复训练模式上，采用了学校、家庭、社区三结合的虚实一体康复训练模式，便于学生获得康复实效。

2. 在康复训练内容上，采用了儿童喜闻乐见的虚拟情境的游戏方式，激发了儿童的兴趣，学生参与度高，取得了良好的教学效果。

3. 康复训练的效果以及康复训练强度、频度的科学性有待进一步揭示。

第5章　运用虚拟情境教学干预智障儿童的实验过程

由于每一个智障儿童的身心障碍类型与程度都不相同，因此每个儿童所适用的教学干预策略也不相同。为了客观进行分析，保证实验分析的说服力，本研究采用单一被试实验方式，辅助以ICF-CY评估相结合的思路，两者相结合将能全面、客观、真实地反映出干预效果。本研究的思路是：为了全面完整地对虚拟情境干预智障儿童教学进行实验分析，现采用过程性评价与形成性评估相结合策略。通过对单一被试实验与ICF-CY评价两个典型的实验分析方法进行研究发现，单一被试研究法是一种过程性评价，ICF-CY是一种形成性评估，用这两种方法分别干预智障儿童的教育康复，如果取得相一致的实验结果，就能较好地说明虚拟情境教学干预智障儿童教育康复的实际效用。

利用单一被试研究法进行过程性评价。过程性评价是特殊教育评价通常采用的方法，具有可以适时调整的特点。过程性评价应用于实验的中间阶段，目的在于反馈干预学生的效果和表现，便于及时调整虚拟情境干预的方案、方法及进程，保证虚拟情境下的教育康复干预按照预期的计划和方向进行。本实验研究中选用微软公司基于Kinect开发的《你的塑身 进化2012》虚拟情境中的“warm up”模块游戏开展实验，即是本书第四章《缺陷补偿：肩部肌力与耐力训练》教学设计中第二部分内容作为实验材料。

利用ICF-CY评价开展形成性评估。形成性评估主要用来评价特殊教育全过程、某一阶段过程或某一项目过程是否达到预设目标以及教育效果是否具有针对性。形成性评估应用于实验的结束阶段，目的在于检验虚拟情境干预下，智障儿童教育康复效果的变化。在评估中，不是由研究者本人进行评估，而是采用苏州工业园区仁爱学校专业评估师进行评估，并在评估前期，进行评估的一致性培训与实操。评估仍采用微软公司基于 Kinect 开发的《你的塑身 进化 2012》虚拟情境中的“warm up”模块开展干预评估。

本章两个实验的被试 S1、S2、S3 均为伴有脑瘫的智障儿童，其典型特征是下肢的肌力差、稳定性与协调性不足，需要依靠上肢辅行或摇动轮椅助行，运用虚拟情境干预此类智障儿童上肢运动的能力实验，兼具教育与康复双重价值。

5.1 虚拟情境改善智障儿童上肢运动能力的单一被试实验

5.1.1 问题的提出

伴有脑性瘫痪（也称脑瘫）的智障儿童占比较大，也是教育康复的重要对象，其病理特征是一组持续存在的中枢性运动和姿势发育障碍、活动受限症候群，这种症候群是由于发育中的胎儿或婴幼儿脑部非进行性损伤所致。其核心表现为异常的运动控制，在临床康复治疗中以解决脑瘫患儿的运动功能障碍为主。临床上多采用物理治疗和作业治疗等方法对脑瘫儿童进行训练。这些方法具有一定的成效，一定程度上改善了脑瘫儿童的运动能力，但是由于训练形式比较单一、趣味性不强，不足以吸引脑瘫儿童主动参与，容易产生倦怠、抗拒心理，进而影响康复效果。

《中国脑性瘫痪康复指南（2015）》指出：在康复训练中贯穿游戏，使治疗活动更有趣味，可以通过游戏的方式，来增加脑瘫儿童康复训练的兴趣和主动性。体感游戏（Motion Sensing Game）是随着计算机媒体交互技术的发展而逐渐发展起来的一种游戏类型，它基于虚拟现实技术，通过肢体动作变化与计算机进行交互，对游戏进行操控。目前，国外已将体感游戏应用于脑瘫康复领域，并且已有研究结果证明体感游戏在脑瘫儿童运动康复领域可产生一定的效果。国外有研究人员使用 Wii 体感设备中的拳击、网球等游戏对一名 13 岁脑瘫儿童进行坐姿和站姿的训练，结果显示训练后其姿势控制、视觉—知觉加工均得到改善。还有人通过研究发现，Kinect 虚拟体感游戏对于患有粗大运动功能问题和运动障碍的儿童有效。有研究人员使用虚拟情境对 14 名脑瘫患儿进行家庭干预,结果表明被试在实验中表现出较高的训练动机与训练依从性。相对而言,目前,国内对于虚拟情境在脑瘫儿童运动康复中的应用研究较少,主要集中于对脑卒中和自闭症的动作技能的干预研究。在自闭症干预研究方面,我国研究人员运用虚拟情境干预自闭症儿童的动作技能,研究结果表明,虚拟情境能有效提升自闭症儿童的上肢和下肢动作能力,提高视觉动作协调能力,并有助于减少他们的问题行为。还有研究人员使用虚拟体感游戏对自闭症儿童的社会技能、动作技能和日常生活技能方面进行干预,结果表明虚拟体感游戏对自闭症儿童具有积极的干预效果。在脑卒中干预研究方面,研究人员使用互动体感游戏干预脑卒中患者的下肢运动功能和平衡功能,结果表明互动体感游戏可以进一步改善脑卒中患者这两项功能。还有研究人员则对脑卒中患者的运动和平衡功能进行了研究,研究结果表明,互动虚拟情境对该类患者的运动和平衡功能有积极效果。

从现实需求上看,伴有脑瘫的智障儿童更需要进行上肢动作能力训练,以促进其更好地生活与学习。由于传统的以手法操作或简单康复训练器械辅助的康复训练模式单调乏味、效率低下,难以满足智障儿童的发展需要,脑瘫儿童康复训练急需调整训练形式,通过调动脑瘫儿童训练的积极性,提升训练的参与度,从而有效提升康复效果,这在研究中也有据可循。有研究指出,肌肉在更多的运动单位参与动作完成情况下,训练效果更好。基于以上需求及国内外研究与实践的现状,本实验拟基于虚拟情境与传统情境下的交替实验研究,对伴有脑瘫的智障儿童的上肢动作能力干预研究,以验证虚拟情境能否改善智障儿童上肢运动能力。

5.1.2 研究对象与方法

5.1.2.1 研究对象

(1) 纳入标准:

① 符合中国脑性瘫痪康复指南(2015)脑瘫诊断标准。

② 符合粗大运动功能分级系统分级Ⅰ～Ⅲ级。

③ 年龄 6～18 岁。

④ 具有一定认知能力。

⑤ 智商(IQ)评估在 51～70 间。

(2) 排除标准：

① 伴随视觉和听觉障碍；重度智力障碍。

② 实验期间有感冒发烧者。

最终选定苏州市某培智学校的 3 名被试进入研究，使用 S1、S2、S3 代称。基本信息如表 5-1 所示。

表 5-1　被试基本信息表

姓名	性别	年龄	IQ	瘫型
S1	男	11	62	共济失调型
S2	男	11	65	共济失调型
S3	男	11	57	痉挛型

三名被试的基本评估情况如下。

S1(陈同学)：伴有共济失调型的脑瘫智障儿童。保护下独立步行，关节活动度良好，双侧踝阵挛；走路时步履不稳，肢体摇晃；姿势转换过程中控制较差，目前在保护下可以进行蹲起、跳跃；整体动作反应迟缓及准确性差；上下肢肌力一般；手眼协调欠缺。康复现状：孩子的运动能力有所提高，但是平衡能力欠缺，易摔跤。父母期望：改善身体稳定性，增加核心肌力训练。

S2(叶同学)：伴有共济失调型的脑瘫智障儿童。下肢的稳定性不足，内收肌张力过高，导致走路会有颠簸，能独立步行，步行时上下肢不协调，跟腱做过延长手术，步态呈左右摇摆状态，平衡能力一般；上下肢肌力正常；精细动作欠缺；运动协调和运动计划能力差。康复现状：通过一学期的训练后，孩子的步行稳定性以及在活动中的稳定性增强，精细运动也有所提高，目前孩子在辅助下可以进行小幅度的跳跃。父母期望：增加核心肌力训练，能在器具支持下独立行走。

S3(焦同学)：伴有痉挛型脑瘫的智障儿童。独立屈髋屈膝步行，步行时上下肢不协调，且伴有斜肩，身体平衡能力差，躯干与髋关节的分离不明显，坐位状态可进行自动态活动。精细动作方面：能握笔写字，可进行三指的拿捏，但动作僵硬，运动流畅性欠佳。康复现状：孩子的身体平衡性和稳定性一般，手指精细运动能力提高；生活适应能力提高，能够自己独立吃饭、洗漱，同时还能在少量辅助下自理小便；运动协调能力欠缺，易摔跤。父母期望：提高身体运动协调能力，进行肌力与耐力训练。

5.1.2.2 实验工具

实验采用微软公司基于 Kinect 开发的《你的塑身 进化 2012》虚拟情境中的“warm up”模块开展实验。该虚拟情境是一款运动类 3D 体感游戏。程序界面与操作方式为：屏幕中有一个需要充气的虚拟气球，被试站在屏幕前方，借助 Kinect 体感设备捕捉被试动作，通过不断抬起与放下上肢动作为气球充气（详见“缺陷补偿：肩部肌力与耐力训练”教学设计），虚拟气球充满气后瞬间爆炸，一个新的虚拟气球接替出现，在规定时间内循环往复，以此牵引被试进行上肢动作能力训练，如图 5-1 所示。

图 5-1 虚拟情境“warm up”界面

5.1.2.3 实验设计

实验目的是利用虚拟情境下体感游戏干预与传统情境下人工干预两种方式，对伴有脑瘫的智障儿童上肢动作技能康复效果进行比较。实验采用单一被试中的交替处理设计（Alternating Treatment Design）方式，通过比较体感游戏与传统康复训练在伴有脑瘫的智障儿童上肢动作技能康复中的效果，综合评鉴体感游戏的可行性与有效性。本实验不设基线期（A），直接进入处理期(B),在处理期交替使用体感游戏与传统康复训练,通过1分钟时长比较两类训练方式下伴有脑瘫的智障儿童抬臂次数,来比较两类训练方式对伴有脑瘫的智障儿童上肢动作能力康复效果。当两类训练方式在规定的干预期14天结束后,处理期即告一段落;然后再选择体感游戏的训练方式开展为期7天的复制性后续干预,即后续处理阶段(C)。

实验的自变量为传统康复训练和体感游戏两类训练方式,因变量为被试在1分钟内上抬手臂的次数。本实验的主试为研究者本人与一名具有心理学背景的教师协同完成。在实验开始之前,两位研究者与三位被试进行了充分的交流与熟悉,以保证被试以良好的身心状态投入实验,减弱无关因素的干扰。在实验过程中,一天内分上午和下午两次实施两类训练方式,每次实施一种训练方式,两类训练方式的实施顺序随机出现,以消解因实施介入的先后顺序所造成的秩序效应。两类训练方式每天各实施一次,每次1分钟。目标行为及操作性定义:双臂发力,同时上抬,与躯干成90度(及以上)。

5.1.2.4　实验过程

体感游戏训练:在相对安静、光线充足的体感游戏室中开展实验。该体感游戏室为被试所熟悉的场所,每学期的3D个训课程就在该游戏室进行。为了保证实验数据收集的客观性和真实性,由一名研究者在每次实验开始之前示范游戏动作:站在游戏区,双臂发力向上抬起,与躯干成90度(及以上),放下手臂,以此为气球充气,不断重复该动作。抬臂的次数与幅度决定充气的速度。另一名研究者在被试侧后方拍摄视频记录实验过程。

传统康复训练:在相对安静、光线充足的运动治疗室中开展实验。该运动治疗室为被试所熟悉的场所。为了保证实验数据收集的客观性和真实性,由一名研究者在每次实验开始前讲述规则与动作:站在训练区,双臂发力向上抬起,与躯干成90度(及以上)。抬臂次数越多越好。另一名研究者在被试正前方拍摄视频记录实验过程。数据采集完毕后,由两名研究者分别观看视频,统计被试的目标行为次数。

实验从周一至周五每天进行,在处理期(B),分别在上午第二节课和下午第二节课实施两类训练方式,每次1分钟,两类训练方式的实施顺序随机出现;在后续处理期(C),在上午第二节课开始实施体感游戏的康复训练方式。共计 21 天完成。

为了保证数据收集的客观性和真实性，两位研究者按照操作性定义对两类训练方式中的目标行为出现的次数进行统计，并计算观察者一致性。计算结果表明两位观察者对目标行为观察的一致性在 80%～100%之间，说明本研究的评分者一致性较高，信度可靠。

5.1.3 实验结果与分析

本研究中的上肢动作能力通过被试在实验中的抬臂行为来表现。以"测量次数"为横坐标，以"每分钟抬臂次数"为纵坐标，建立坐标系；以记录的抬臂次数作为资料点，绘制折线图，并依据实验设计分为"处理期"和"后续处理期"阶段。本实验无基线期。S1、S2 和 S3 在两种训练方式下抬臂次数的变化如图 5-1 所示。采用阶段内和阶段间的视觉分析法和简化时间序列 C 统计对研究结果进行分析，其中 C 统计用以评量处理效果的变化趋势。统计结果见表 5-2 和表 5-3。

S1 在处理期内，在体感游戏干预中平均每分钟抬臂 72 次（范围：58～80），趋向预估为上升的趋势，趋向稳定性达 64.3%；在传统康复训练中平均每分钟抬臂 59 次（范围：47～68），趋向预估为下降趋势，趋向稳定性为 78.6%；在后续处理期内，S1 平均每分钟抬臂 88 次（范围：83～93），趋向预估为上升的趋势，趋向稳定性达 100%，显示在体感游戏干预的后续处理阶段，S1 的抬臂次数呈稳定上升现象。在体感游戏的干预下，S1 的处理期与后续处理期阶段间趋向方向一致，均为上升趋势，两阶段的重叠百分比为 71.4%，这表明体感游戏训练对 S1 的抬臂行为有良好的延续效应。

S2 在处理期内，在体感游戏干预中平均每分钟抬臂 70 次（范围：56～93），趋向预估为上升的趋势，趋向稳定性达 92.9%；在传统康复训练中平均每分钟抬臂 64 次（范围：47～77），趋向预估为下降趋势，趋向稳定性为 57.1%；在后续处理期内，S2 平均每分钟抬臂 93 次（范围：79～110），趋向预估为上升的趋势，趋向稳定性达 28.6%，显示在体感游戏干预的后续处理阶段，S2 的抬臂次数呈稳定上升现象。在体感游戏干预下，S2 的处理期与后续处理期阶段间趋向方向一致，均为上升趋势，两阶段的重叠百分比为

42.9%，这表明体感游戏训练对 S2 的抬臂行为有良好的延续效应。

S3 在处理期内，在体感游戏干预中平均每分钟抬臂 82 次(范围：61～95)，趋向预估为下降的趋势，趋向稳定性达 78.6%；在传统康复训练中平均每分钟抬臂 57 次(范围：48～70)，趋向预估为下降趋势，趋向稳定性为 78.6%；在后续处理期内，S3 平均每分钟抬臂 85 次(范围：79～90)，趋向预估为上升的趋势，趋向稳定性达 100%，显示在体感游戏干预的后续处理阶段，S3 的抬臂次数呈稳定上升现象。在体感游戏干预下，S3 的处理期与后续处理期阶段间趋向方向不一致，两阶段的重叠百分比为 85.7%，这表明体感游戏干预下，S3 的抬臂行为有良好的延续效应。统计分析如图 5-2 和表 5-2～表 5-3 所示。

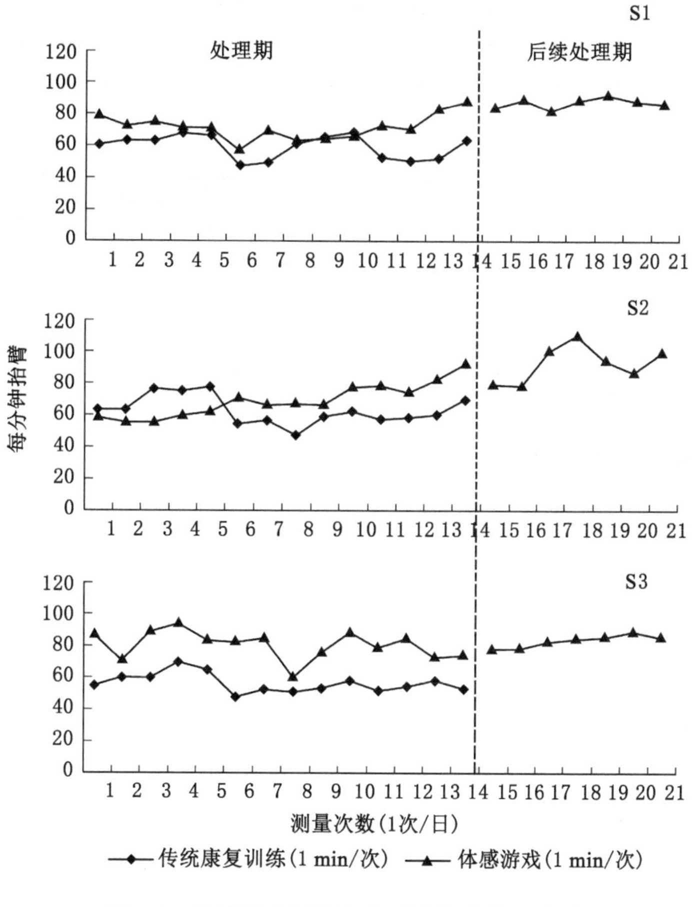

图 5-2　被试两种干预方式下抬臂次数变化图

表 5-2 两类训练方式的阶段内变化分析

阶段	S1			S2			S3		
	B 处理期		C 后续处理期	B 处理期		C 后续处理期	B 处理期		C 后续处理期
	体感	传统		体感	传统		体感	传统	
阶段长度	14	14	7	14	14	7	14	14	7
趋向预计	上升（＋）	下降（－）	上升（＋）	上升（＋）	下降（－）	上升（＋）	下降（－）	下降（－）	上升（＋）
趋向稳定性	不稳定 64.3%	稳定 78.6%	稳定 100%	稳定 92.9%	不稳定 57.1%	不稳定 28.6%	稳定 78.6%	稳定 78.6%	稳定 100%
平均值	72	59	88	70	64	93	82	57	85

表 5-3 被试体感游戏阶段间变化分析

阶段比较	项别		
	S1	S2	S3
	B 体感处理期/C 后续处理期	B 体感处理期/C 后续处理期	B 体感处理期/C 后续处理期
趋向方向与效果变化	（＋）/（＋）	（＋）/（＋）	（－）/（＋）
趋向稳定性变化	不稳定－稳定	稳定－不稳定	稳定－稳定
水准变化	（89－85）	（93－80）	（79－75）
重叠百分比	71.4%	42.9%	85.7%

5.1.4 实验结论及建议

本实验目的是利用虚拟情境下体感游戏干预与传统情境下人工干预两种方式，对伴有脑瘫的智障儿童上肢动作技能康复效果进行比较。研究结果表明，体感游戏在伴有脑瘫的智障儿童的抬臂训练中表现出相对较优的训练效果。这与已有研究中体感游戏能提高伴有脑瘫的智障儿童动作技能的结论相符合。总结起来，本研究中体感游戏表现出相对较优的训练效果，这与以下几个因素有着密切联系。

5.1.4.1 体感游戏允许对选定的任务进行高强度训练

有研究者指出，虚拟情境中的功能性重复运动是促进脑瘫患儿皮层重组和诱发神经性改变的主要机制之一。本实验能开展高强度高频次的训练，一定程度上促进伴有脑瘫的智障儿童皮层的变化，使训练效果产生变化。

5.1.4.2　体感游戏提供联想学习模式

体感游戏的场景是动态变化的，伴有脑瘫的智障儿童每次执行动作后，场景就会发生相应变化，这就产生了一种联想学习的模式。伴有脑瘫的智障儿童通过这种模式学习，在任务的需求和虚拟环境的组织之间迅速建立联系，根据已有研究，联想学习可优化运动技能的获得及任务的转移。

5.1.4.3　体感设备操控的自然性与便捷性

研究中使用的体感设备 Kinect 是基于 XBox360 的体感外部设备，该设备具有强大的骨骼追踪功能，可通过追踪骨骼和关节识别与分析动作，并给予玩家相应反馈，儿童可通过自己的身体来控制显示终端，达到自然的人机交互要求。这使得游戏操作更为便捷的同时，也使得伴有脑瘫的智障儿童在训练中由被动角色变为主动角色，从而空前提高了伴有脑瘫的智障儿童参与训练的积极性，使训练效果得以加强。

综上所述，相对于传统的训练方式，基于虚拟情境下的康复训练能有效提升伴有脑瘫智障儿童的上肢动作技能。在后续的研究中要注意两点：① 考虑纳入不同类型的残疾儿童，分析康复训练干预策略选择的异同点；② 拓展体感游戏干预目标，探索体感游戏促进各类残疾儿童康复质量的研究与实践。

5.2　虚拟情境改善智障儿童上肢运动能力的 ICF-CY 评估

5.2.1　评估意义

2007 年世界卫生组织正式发布《国际功能、残疾和健康分类（儿童与青少年版）》（ICF-CY），ICF-CY 是儿童和青少年健康和功能表现体系。ICF-CY 通过一个系统量表来评估儿童和青少年四个方面的状况。ICF-CY 量表是以金字塔结构的四层编码方式来描述功能和残疾。具体来说，ICF-CY 共包含四种成分：身体功能（用字母 b 表示），含精神功能、感觉功能与疼痛、发音和言语功能等8个章节;身体结构(用字母s表示),含神经系统的结构、眼耳与有关结构、与运动有关的结构等8个章节;活动和参与(用字母d表示),含学习和应用知识、一般任务与要求、交流、自理等9个章节;环境因素(用字母e表示),含产品和技术、态度、服务体质和政策等5个章节。每个章节,编码从一级分类到三级或四级分类,越往下分类越细致、描述越具体。例如,在一项评估中采用d4(活动)作为第一级指标,以d445(手和手臂的使用)为第二级指标,以"d4453(转动或旋转手或手臂)为第三级指标,第三级评估内容是用手指、手和手臂旋转、转动或弯曲一物体。

在智障儿童的教育康复评定工作中,ICF-CY是一项重要的工具,它为评定工作提供了科学的理论架构、具体的评估内容以及规范的术语系统。在基于虚拟情境的智障儿童教育康复实验中,可将其应用于实验的评估阶段。但由于ICF-CY中条目体系过于庞大,且部分内容并不适合用于教育康复评估。另外,条目的评分细则相对模糊,容易产生较大的评分者效应,故在研究中决定编制ICF-CY自理项量表,并将其运用于单一被试实验的跟踪评估。本研究认为,秉持ICF理念,在ICF-CY理论架构上筛选和编制出的自理项量表,能够对智障儿童的身体功能与结构、活动和参与、背景因素等方面进行科学全面的评估。

5.2.2 评估对象与方法

5.2.2.1 评估对象

评估对象仍然为"虚拟情境改善智障儿童上肢运动能力的单一被试实验"中的S1、S2、S3三个被试。从研究对象情况分析可知,他们的运动能力存在三个方面的主要障碍:第一,中枢性运动障碍,导致运动能力发育迟缓、自主运动困难、动作僵硬,常出现异常的运动样态。第二,肌张力异常,这与脑部病变有关,会导致共济失调、肌张力低下,或肌肉强直、震颤,难以控制姿势。第三,感知觉障碍,导致本体觉和前庭的发育异常,表现为动作协调性与平衡性不足。根据一周的校园观察记录,结合从任课老师、班主任及家长处了解的情况,可以将该儿童运动能力的基本情况概述为协调性受限,能在活动中完成简单的动作,但动作僵硬、不稳定,对方向和速度的把握不够准确，节奏失调。前期基本评估显示，S1、S2、S3 三个被试上肢运动能力存在较大局限，根据 ICF-CY 身体功能及活动和参与章节中的相关内容进行评估，结果显示限定值为 3，即该儿童与运动有关的功能和活动重度损伤，限制在 50%～95%之间。

5.2.2.2 评估设计

(1) 评估目的。

在体感游戏训练中，会根据伴有脑瘫智障儿童的特点，选择相应的训练目标，评估仍采用微软公司基于 Kinect 开发的《你的塑身 进化 2012》虚拟情境中的"warm up"模块开展干预。本个案研究希望能够探讨在虚拟情境的干预下，伴有脑瘫的智障儿童动作的协调性方面的改善情况。运动能力的协调性是指，运动时身体作用肌群的时机正确、动作合规及速度恰当，稳定且有韵律性。

(2) 评估指标。

由于 ICF-CY 中条目体系过于庞大，且部分内容并不适合用于教育康复评估，另外条目的评分细则相对模糊，容易产生较大的评分者效应，通过评估组的一致商讨，从身体功能(b)、身体结构(s)、活动和参与(d)、环境因素(e)四个领域的指标进行分析与甄别，最后确定选用 d4(活动)为作为第一级指标，以 d445(手和手臂的使用)为第二级指标，以 d4453(转动或旋转手或手臂)为第三级指标，第三级评估内容是用手指、手和手臂旋转、转动或弯曲一物体。此项指标在虚拟情境中的"warm up"模块康复训练中可以理解为"打气"动作。评分标准：在对 ICF-CY 量表进行学习和整理后，结合被试特点对"活动—参与"领域的条目进行筛选和细化，在保持原细则条目条码的基础上，增加了每一个条目的五级分项的具体描述，具体评分权重为：0——不存在障碍，完全可以独立完成用手臂上下移动；1——双手手臂动作都能做该动作，但是力度不够，障碍度小于 25%；2——一只手臂能够完成，另一只手臂存在明显困难，障碍度小于 50%；3——能够用部分手指完成，不能用手臂完成，完全没有力量，需要他人的帮助才能完成，障碍程度界于 50%～95%；4——完全不具备该能力。

(3) 评估方法。

本研究中,由主试本人与学校评估组老师共同组成,两位评估老师均受过特殊儿童教育诊断与评估专业训练,并受过ICF-CY评估技能培训。

① 测验法。

在实验的整个过程中,由两位评估者根据评估条目及其赋值,对S1、S2、S3 3个被试上肢运动能力进行跟踪评估,观察其在虚拟情境干预下上肢运动能力的变化情况。

② 访谈法。

通过访谈个案学生的任课老师、班主任和家长,了解S1、S2、S3 3个被试上肢运动能力运动发展现状和特点,以及其在学校和家庭生活中表现出的运动能力。

5.2.2.3 评估过程

评估地点:学校的虚拟情境体感游戏室。

评估安排:利用学校为S1、S2、S3 3个被试安排的3D康复个训课程,每次训练时长为35分钟,每周2次(均为个别训练),为期3个月。

评估数据:通过单一被试实验中的“撤回设计”(A1—B2—A2—B2)的实验方式获得数据,具体分为四个阶段。阶段一(基线期):采用传统康复训练(口令)4次。阶段二(第一干预期):虚拟情境训练8次。阶段三(第二基线期):采用传统康复训练(口令)4次。阶段四(第二干预期):虚拟情境训练8次,共计24次。

评估记录:

阶段一(基线期):采用传统康复(口令)4次,老师使用传统康复模式进行运动能力训练。根据被试上肢运动能力的发展现状组织,四次训练下来,三个被试表现出厌倦和排斥,训练的主动性较低,姿势保持和转换能力差,协调性发展缓慢。

阶段二(第一干预期):虚拟情境训练8次,在第一干预期中,利用《你的塑身 进化2012》虚拟情境中的“warm up”模块进行上肢运动能力训练。三个被试对虚拟情境的“warm up”体感游戏感到好奇,参与积极性高。在此期间,3个被试开始逐步理解游戏的规则和要求,会努力尝试各种姿势和动作,以获得游戏的胜利,并且每次游戏中持续运动的时间也有所增加。训练时,基本能够维持游戏需要的姿势，也能根据游戏指令，理解并及时改变上肢动作姿势。

阶段三(第二基线期)：采用传统康复训练(口令)4 次，恢复常规运动能力训练模式。被试在训练时的规则意识增强，能按要求进行移动训练、协调性和平衡训练，但主动性不强，并且动作生硬、缺乏稳定性，训练中也常常因为想达到目标动作，但未能及时调整重心而摔倒。

阶段四(第二干预期)，虚拟情境训练 8 次，继续“warm up”模块进行上肢运动能力训练。被试开始努力追求得分和名次，能够根据虚拟情境“warm up”模块的任务的需要，及时转换上肢动作，并且在游戏过程中，摔倒的次数有所减少，上肢协调性有所提高。

5.2.3 评估结果与分析

具体的评估表征为：建立坐标系，以“评估次数”为横坐标，显示评估第 1～24 次时间频次；以“评估分值”为纵坐标，显示被评估智障儿童的“障碍限制程度”。评估分值的确定由主训教师聘请 2 名专业评估师分别对学生每次训练的前、中、后期运动能力进行评估，最后取均值作为单次训练的最终评估结果，并根据数据整理和分析的结果，比较“A1—B2—A2—B2”四个阶段中被试在不同阶段的动作协调性变化。图 5-3～图 5-5 是 3 名被试的动作协调性的障碍程度评估。

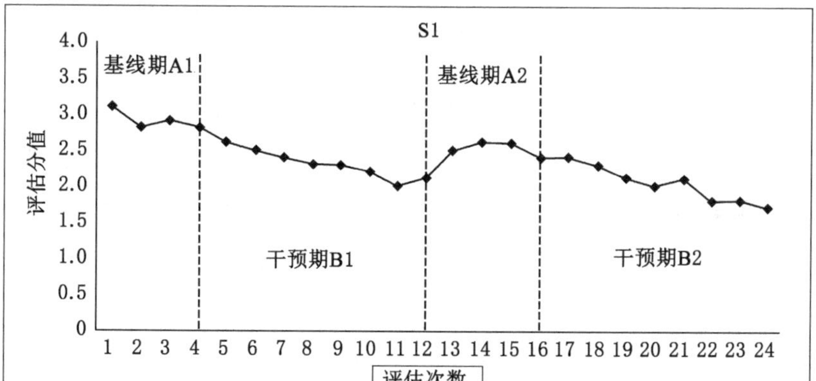

图 5-3　S1 动作协调性的障碍程度评估

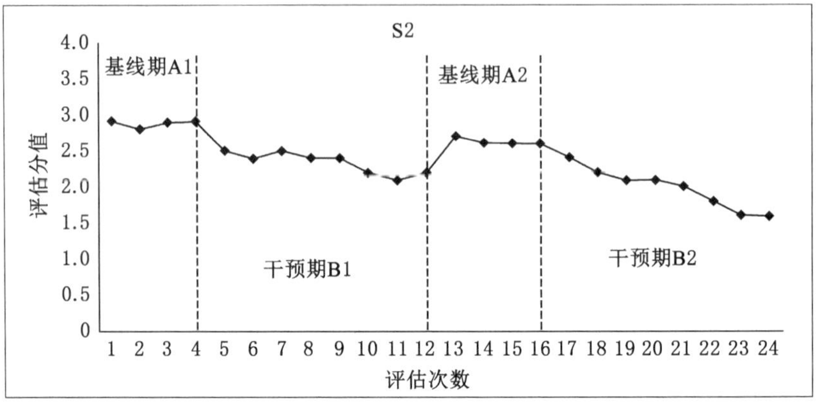

图 5-4　S2 动作协调性的障碍程度评估

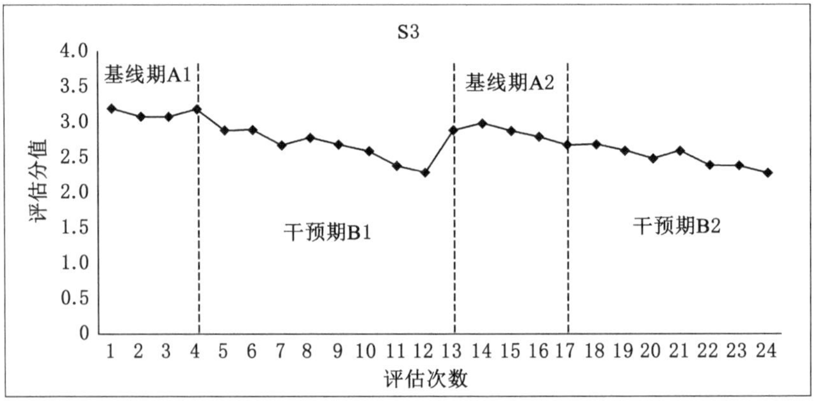

图 5-5　S3 动作协调性的障碍程度评估

S1 评估结果与分析。在第一个基线期 A1 阶段，在传统口令干预下，S1 的障碍程度在 3.1 至 2.8 之间，动作的平衡性方面表现出相对不稳定性；在第一个干预期 B1 阶段，在“warm up”干预下，S1 的障碍程度在 2.6 至 2 之间，其运动协调性的障碍限制相较基线期有明显改善，且表现出从干预开始至干预结束过程中障碍程度不断减轻的稳定趋势；在第二个基线期 A2 阶段，再通过传统口令干预，S1 的障碍程度又回复到 2.4 至 2.3 阶段，说明虚拟情境的干预具有一定的延续效应，也说明了虚拟情境与传统口令在 S1 干预中具有优势；在第二个干预期 B2 阶段，重新通过“warm up”干预，S1 的障碍程度在 2.4 至 1.7 之间，其运动的协调性的障碍限制相较 A1、B1、A2，其动作协调性的障碍程度均有明显改善，且表现出较好的稳定性。

S2 评估结果与分析。S2 评估与 S1 评估方式完全一致。在第一个基线期 A1 阶段，在传统口令干预下，S2 的障碍程度在 2.9 至 2.8 之间，动作的平衡性方面相对于 S1 表现出相对稳定性；在第一个干预期 B1 阶段，在"warm up"干预下，S2 的障碍程度在 2.5 至 2.1 之间，其运动的协调性的障碍限制相较基线期(A1)有明显改善，且表现出从干预开始至干预结束过程中障碍程度不断减轻的稳定趋势；在第二个基线期 A2 阶段，再通过传统口令干预，S2 的障碍程度又恢复到 2.7 至 2.6 阶段，显示 S2 的障碍程度有所反弹，但仍能观察到虚拟情境的干预具有一定的延续效应，也说明虚拟情境与传统口令在 S2 干预中具有优势；在第二个干预期 B2 阶段，重新通过"warm up"干预，S2 的障碍程度在 2.4 至 1.6 之间，S2 的障碍程度有了明显的减轻，其运动的协调性的障碍限制相较 A1、B1、A2，其动作协调性的障碍程度均有明显改善，且表现出较好的稳定性。

S3 评估结果与分析。S3 评估与 S1、S2 评估方式完全一致。在第一个基线期 A1 阶段，在传统口令干预下，S3 的障碍程度在 3.1 至 3.2 之间，动作的平衡性方面校对于 S1、S2 表现出障碍程度更高，但相对稳定，这可能是由于 S1、S2 是共济失调型，而 S3 是痉挛型，其肌张力更高，所以导致动作协调性更差，这也与生理、病理有关，也与其入学时的医学鉴定所表现出一致性；在第一个干预期 B1 阶段，在"warm up"干预下，S3 的障碍程度在 2.9 至 2.3 之间，其运动的协调性障碍限制相较基线期有明显改善，且表现出从干预开始至干预结束过程中障碍程度不断减轻的稳定趋势，显示出在"warm up"的虚拟情境牵引下，学生训练的积极性、主动性有了更好的激发，训练效果与口令相比有更加明显的效果；在第二个基线期 A2 阶段，再通过传统口令干预，S3 的障碍程度又回复到 3.0 至 2.8 阶段，显示 S3 的障碍程度有所反弹，但相对于 A1 阶段时的障碍程度有所减轻，也说明了虚拟情境与传统口令在 S3 干预中具有优势；在第二个干预期 B2 阶段，重新通过"warm up"干预，S3 的障碍程度在 2.7 至 2.3 之间，S3 的障碍程度又有了明显的减轻，其运动的协调性的障碍限制相较 A1、A2 相比有明显改善，但与 B2 相比，其动作协调性的障碍程度有明显改善。

5.2.4 评估结论与建议

通过 S1、S2、S3 评估结果与分析,可以得出以下结论。

第一,虚拟情境干预对共济失调型与痉挛型智障儿童的干预有减轻其障碍程度的效果。

第二,基于虚拟情境的干预相对于传统情境干预有更好的干预效果。

通过评估分析及结论,研究建议如下。

第一,虚拟情境具有人机互动、游戏化康复训练的特征,能较好地激发儿童学习与训练的潜能,在教育康复过程中,被试完成动作的协调性有所提高,能够更自如地进行运动康复训练,是一种与时代相契合的康复训练方式。

第二,虚拟情境情节的设计能牵引智障儿童探索性思维的发展,使其沉浸在体验中完成教育康复,获得更好的教育康复效果,这比传统的口令式教育康复更加有效,有条件的机构可采用相应的训练方式进行康复训练。

第6章 结　论

6.1 研究的主要结论

虚拟情境能够有效促进智障儿童的教育康复在各个领域开展，但必须意识到虚拟情境下的教育康复理论研究及实践探索刚刚起步，还不完善。鉴于智障儿童教育康复的虚实二重性，虚拟情境下智障儿童教育康复还应与现实情境的教育康复有机结合，共生互融，避免智障儿童对虚拟情境的过度依赖，而在现实情境中疏于学习。在具体操作层面上还要以系统思维统领，遵循教育技术学相关原理展开虚拟情境的设计、开发、利用、管理与评价，以"四化三学"为目标，探索虚拟情境下智障儿童教育康复的实践方式，实现智障儿童教育康复效益的最大化，最终促进智障儿童的全面发展。本研究在梳理、评析虚拟情境技术及其教育应用的基础上，依循泰勒原理聚焦智障儿童课程与教学的基本问题展开研究，得出主要结论如下。

结论一：基于虚拟情境进行课程设计、教学实施、干预评鉴具有一定的学理依据。本研究理论依据主要寻求来自教育心理学领域的情境教学、具身认知、个别教学、多元智能等理论基础，并拓展了这些教与学的理论。情境教学理论 30 多年的实践证明，情境教学解决了长期以来儿童学习处于被动接受的状态，实现了"儿童主动学、乐学、提高教学质量，获得全面发展"的目标；具身认知理论强调认知的涉身性、体验性、环境嵌入性与虚拟情境的交互性、沉浸性与构想性、有高度的契合性，确立了身体和体验在认知与学习过程中的合法地位；个别学习理论为针对儿童个体差异、因学施教、"一人一案"提供了创设虚拟情境的思想与内容依据；多元智能理论在特殊教育课程与教学改革中不仅要注重学科知识的教育，更要为特殊儿童身体功能康复、生活能力提升、彰显个性特长的个别化教育提供了学理上的可行性。

结论二：兼顾“潜能开发与缺陷补偿”是虚拟情境课程设计的基本立足点。由于智障儿童身心特征、个别差异、障碍程度的复杂性与特殊性，以及课程开发理念的不断深化，其课程设计中不仅要吸取普通中小学课程设计的思想，还要针对智障儿童的特殊性，进行有针对性的设计开发，才能较好地满足智障儿童需要。在课程设计策略中，遵循着学情分析→目标拟定→内容选择→情境创设→功能评价的五个要素相互协调，且每一个要素在设计中都观照其他要素的功能及可行性。在课程设计目标定位上，构建“一体两翼”课程结构，“一体”是指以实现教育与康复为一体，“两翼”是充分观照智障儿童的潜能开发与缺陷补偿两个模块的有机结合。在课程内容组织方式上，依循我国儿童发展与学习现状，以“潜能开发”与“缺陷补偿”两大类内容组成的“一体两翼”课程结构，在“潜能开发”类中，从健康、语言、社会、科学、艺术五个领域组织设计课程内容；在“缺陷补偿”类中，以动作、感知觉、沟通与交往、情绪与行为四个领域组织设计课程内容。

构建“一体两翼”课程结构，是本研究的主要理论贡献，通过特殊教育课程改革进展及趋势的论述，提出了有别于普通教育的“学科知识”取向课程结构，论证了构建“潜能开发”和“缺陷补偿”一体化虚拟情境课程的合理性，凸显了特殊教育课程组织的人文价值关怀。

结论三：围绕“动作是儿童能力发展的基础”这一基本思想，实施智障儿童的虚拟情境教学与康复。不论是皮亚杰的“动作与认知发展”理论，还是凯伯的“动作—知觉发展”理论，都把动作看作是学生能力发展的基本路径。针对这一观点，在智障儿童虚拟情境教学实施中，建设智障儿童个别化教学支持系统载体，为智障儿童提供适切的信息化学习环境，支撑以学习者为中心的学习模式，破解了智障儿童教育康复中居所分散、教师巡回服务不便、课程与教学适性不强、评估欠精准等的困境。在具体教学实施中，对潜能开发类虚拟情境教学与缺陷补偿类虚拟情境教学分别进行概念界定、特点探析及教育策略安排，以确定与优化的干预方式，不断探索信息化环境与智障儿童教育康复相结合的课程与教学改革模式，促进智障儿童学习行为、学习过程和学习效果的有效提升。

结论四:采用过程性评价与形成性评价相结合的实证分析方式,揭示了虚拟情境干预方式优于传统干预方式。实证分析促进了特殊教育的科学性发展,保障了教育康复干预中的实用性,揭示了教育康复干预后的成效。在基于虚拟情境的教育康复中,实证分析提供的信息与数据能够清晰地反映现行训练内容和方法的有效程度,以便及时调整训练的方案和策略,确保训练的有效性。本章实证分析采用过程性评价与终结性评价相结合策略,利用单一被试实验进行了"虚拟情境改善智障儿童上肢运动能力的单一被试实验"研究,利用 ICF-CY 评估了"虚拟情境改善智障儿童上肢运动能力的协调性"。单一被试实验研究是一种过程性评价,而 ICF-CY 是一种终结性评价,实验与评估均显示出虚拟情境的干预方式优于传统的干预方式,两种方式相结合的实证分析,较好地表现了本实证分析的全面性、客观性、有效性,对结论的形成也有更多的数据支持。

6.2 研究的创新之处

第一,形成个别化课程与教学新样态:从理论走向实操。已有的智障儿童个别化教学相关文献与案例往往从理念、理论、思辨上进行意义价值探析,在实操层面往往没有具体的样式。本研究以设计研究法贯穿全书,提出了具体的虚拟情境课程设计、平台建设与教学案例及综合评估的策略及方法,具体主要体现在:创新设计完成了"一体两翼"教育类与康复类虚拟情境校本课程,提出了有别于普通中小学以知识的系统性为核心的编排方式,课程组织设计以特殊儿童的发展为核心,课程内容结构领域鲜明,具有良好的操作性;为促进数字化形态的教学,开发了具有可视化智能统计功能的个别化教学数字平台,设计了潜能开发类与缺陷补偿类虚拟情境教学实操模式;围绕一个自变量进行了虚拟情境干预智障儿童教育康复的过程性评价与形成性评价。

第二,拓展了教育康复新场域:从物理实境走向虚拟情境。与传统的教育康复相比,虚拟情境良好的人机互动、情境再现与实时评价功能,让智障儿童实时获得感知与反馈，改变了传统教育康复的单向接受性、情境易逝性及评价延迟性的弊端；虚拟情境能较好地牵引智障儿童具身参与，使其沉浸在学习情境中，顺利完成教育康复，化解了智障儿童因注意力容易分散而不能集中精力学习的困境；虚拟情境在智障儿童教育康复中的应用，实现了从单一教学向综合教育康复的转变，教康方式从人工或器械辅助向虚拟情境支持的转变；虚拟情境不需要智障儿童跨越时间与空间，就可对世界上已经发生或尚未发生的事件产生认知体验，节省了人力、财力、物力、时间等成本。

6.3 研究的局限性

基于虚拟情境的智障儿童教学干预为特殊教育学校课程与教学改革提供了研究与实践的场域，但由于虚拟情境是一个时代技术产物，必须意识到虚拟情境下的学习理论研究及实践探索刚刚起步，还不完善，随着体感游戏平台与类型不断扩大，信息化学习的理念不断发展，智障儿童学习需求更加多样化等因素，基于虚拟情境的智障儿童智能发展理论指导还有待深入，实践还处于探索阶段，还需要进一步深化研究。特别是在实践层面还有以下两个方面局限有待进一步研究、突破。

第一，研究方法的局限性。本研究采用单一被试实验方法，由于方法自身的特点局限性，实验结果的可推广性还需进一步探讨；由于 ICF-CY 评估量表过于庞大，只能选取典型性的指标作为变量，其代表性有待商榷。在后续研究中，可通过进一步改善实验，增加受试学生，选择不同干预情境等方式，更深入地探析虚拟情境对智障儿童教育康复的干预成效。

第二，研究内容的局限性。鉴于智障儿童教育康复的虚实二重性，虚拟情境下教育康复还应与现实情境的教育康复有机结合，共生互融，避免智障儿童对虚拟情境过度依赖，而在现实情境中疏于学习。在后续研究中还要以系统思维统领，遵循特殊儿童课程与教学的基本原理与教育技术学相关理论进行虚拟情境的设计、开发、利用、管理与评价，探索虚拟情境下智障儿童教育康复的实践方式，实现智障儿童教育康复效益的最大化。

附　录

附录 A　教学实验及评估活动家长同意书

亲爱的家长：

您好！

我是＊＊学校教师，现拟进行虚拟情境对智力障碍儿童教育康复干预成效的研究，希望通过本项实验，以获得您的孩子及其他相似儿童在虚拟情境领域的课程设计、教学方式及评估方面结果及结论，以更好地促进您孩子的教育康复水平。实验会遵循人文科学领域实验研究规程，不会对孩子的身心产生不利影响，并会注重相关信息的保密，请您同意参与该项实验。

顺祝　工作顺利，生活幸福！

家长同意书回执书

同意让我的孩子参与此次实验研究活动。

学生姓名：

家长签字：

时间：

附录B　虚拟情境课程内容编制体例

《感知数学在生活中的作用 —— 看时间摆指针》

一、教学目标

1. 能够认读24小时格式的时间。

2. 能够知道时针与分针，并能够根据时间摆指针。

3. 提升学生手臂控制及手眼协调能力。

二、适用学生

1. 能够在提示下认读时间的学生。

2. 能够看时钟上的指针并读出与之对应的时间。

3. 能够站立位进行游戏，并具备一定手臂控制能力的学生。

三、教材说明

《新体感脑力锻炼》(DR. Kawashima's Body And Brain Exercises)是一款以身体动作来挑战各式各样的问题，并测验“脑年龄”的游戏，“看时间摆指针”是其中一项数学认知类小游戏。该游戏要求学生能够认读时间，并根据提供的时间用双臂作为时针与分针，来摆出相应的时间。该游戏在训练学生时间认读能力的同时，也训练到学生的手臂控制及手眼协调能力。

《新体感脑力锻炼：看时间摆指针》体感游戏

四、教学建议

(一) 情境创设

1. 丁零零,上课啦,现在是几点钟呢?(老师出示时钟)

2. 今天我们要一起来与时钟做个游戏,每个参加游戏的同学都可以来摆一摆指针,做一个时钟管理员。

(二) 正确示范

1. 打开《新体感脑力锻炼》游戏,进入并选择"看时间摆指针"游戏。

2. 引导1名学生站在指定位置后,倒数3秒开始游戏。

3. 荧幕上会出现一个钟面,钟面上方会出现数字时间,学生需要根据所给出的数字时间用双臂作为指针在钟面上摆出相应的时间。

4. 游戏时,看时间摆指针有倒计时,规定时间内未完成视作失败。

5. 游戏共有12道题,游戏结束后将显示游戏评分等级、正确率、每次答题所用的时间以及总分。

(三) 游戏训练

1. 单人游戏,指定1位学生站在指定位置开始游戏。

2. 引导学生查看钟面上方的时间,指导学生在钟面上使用双臂摆出与之相同的时间。

3. 当学生习得游戏规则时减少辅助。

4. 游戏结束记录学生的评分等级、正确率、平均答题时间及总分。

5. 回顾与点评。

(四) 拓展放松

"老狼,老狼几点钟"活动:

1. 将 1～12 这 12 个数字摆成一个大圆形，作为钟面上的数字。

2. 引导 12 名学生根据喜好站在自己喜欢的数字点上。

3. 教师手持时针与分针的模型，站在圆心位置。

4. 老师转动两个指针，当指针固定时，被分针指着的学生就需要报时：现在时刻，几点几分。

5. 游戏可反复进行。

参考文献

[1] 奥恩斯埋，汉金斯. 课程：基础、原理和问题[M]. 南京：江苏教育出版社，2009.

[2] 贝克. 儿童发展[M]. 吴颖，等译. 南京：江苏教育出版社，2002.

[3] 蔡苏，王沛文，杨阳，等. 增强现实(AR)在教学中的应用案例评述[J]. 远程教育杂志，2016(5)：27-40.

[4] 陈丽. 远程学习中的教学交互原理与策略[J]. 中国远程教育，2016(9)：5-6.

[5] 陈琳. 苏北地区基础教育信息化跨越式发展战略研究[J]. 中国电化教育，2008(12)：25-28.

[6] 陈琳. 自闭症谱系障碍儿童记忆的系列实验研究[D]. 上海：华东师范大学，2013.

[7] 陈云英. 智力落后心理、教育、康复[M]. 北京：高等教育出版社，2007.

[8] 程凯. 把加快特殊教育改革与发展作为促进教育公平的重要任务：在落实《国家中长期教育改革与发展规划纲要》重大问题专题研讨会上的发言(2010 年 7 月 8 日)[J]. 中国特殊教育，2010(8)：3-5.

[9] 杜晓新. 学习困难儿童学习策略训练模式的构建与实践[D]. 上海：华东师范大学，2006.

[10] 方俊明. 特殊教育学[M]. 北京：人民教育出版社，2005.

[11] 弗格森，肖俊洪. 增强学习的可能性与挑战[J]. 中国远程教育，2016(5)：5-13.

[12] 傅钢善，佟海静. 网络环境下有效学习评价指标体系构建研究[J]. 电化教育研究，2016，37(8)：23-30.

[13] 高媛,刘德建,黄真真,等.虚拟现实技术促进学习的核心要素及其挑战[J].电化教育研究,2016,37(10):77-87.

[14] 顾明远.教育大辞典:增订合编本[M].上海:上海教育出版社,1998.

[15] 顾明远.李吉林和情境教育学派研究[M].北京:教育科学出版社,2011.

[16] 顾明远.试论教育现代化的基本特征[J].教育研究,2012(9):4-10.

[17] 郭文斌.自闭症谱系障碍儿童面部表情识别的实验研究[D].上海:华东师范大学,2013.

[18] 郝文武,郭祥超,张旸.教育哲学概论[M].北京:高等教育出版社,2015.

[19] 郝文武.中小学教师学习教育哲学的意义和运用[J].当代教师教育,2016,9(1):1-5.

[20] 胡金波.情境教育:探求儿童学习的秘密[J].人民教育,2015(14):71-75.

[21] 黄光雄,蔡清田.核心素养:课程发展与设计新论[M].上海:华东师范大学出版社,2017.

[22] 加涅.学习的条件和教学论[M].皮连生,等译.上海:华东师范大学出版社,1999.

[23]《教育研究》杂志社.教育研究的时代足音:《教育研究》创刊30周年杰出论文[M].北京:教育科学出版社,2011.

[24] 李卉,王蔚.基于Kinect体感交互的儿童注意力测评系统[J].现代教育技术,2014,24(7):120-126.

[25] 李慧.特殊教育教材和小语种教材的发展困境及对策刍议[J].课程 教材 教法,2008,28(9):3-6.

[26] 李吉林.中国式儿童情境学习范式的建构[J].教育研究,2017,38(3):91-102.

[27] 李丽,谢丁龙.基于VR的建筑与城市虚拟实验平台设计研究[J].电化教育研究,2012,33(6):79-82.

[28] 李森.课堂教学创新策略研究[M].重庆:西南师范大学出版社,2008.

[29] 李小平,张琳,赵丰年,等.虚拟现实/增强现实下混合形态教学设计研究[J].电化教育研究,2017,38(7):20-25.

[30] 栗洪武.信息不对称性在教学中的意义[J].陕西师范大学学报(哲学社会科学版),2013,42(6):130-135.

[31] 刘春玲.弱智儿童语义加工的实验研究[D].上海:华东师范大学,2004.

[32] 吕梦.生态化融合背景下自闭谱系障碍儿童人际支持干预研究[D].上海:华东师范大学,2016.

[33] 南国农.信息化教育概论[M].北京:高等教育出版社,2004.

[34] 派纳.理解课程:历史与当代课程话语研究导论[M].张华,等译.北京:教育科学出版社,2003.

[35] 裴娣娜.现代教学论:第二卷[M].北京:人民教育出版社,2005.

[36] 朴永馨.特殊教育学[M].福州:福建教育出版社,1995.

[37] 邱卓英,李欣,刘冯铂,等.基于ICF的智力残疾模式、测量方法及社会支持系统研究[J].中国康复理论与实践,2016,22(4):373-377.

[38] 桑新民,李曙华.教育技术学范畴体系建模研究及其方法论:与美国"94定义"研究群体的对话(上)[J].中国电化教育,2007(11):1-8.

[39] 司晓宏,杨令平.义务教育均衡发展进程中"政府悖论"现象透视[J].陕西师范大学学报(哲学社会科学版),2015,44(4):83-88.

[40] 司晓宏.义务教育均衡发展研究热点的统计分析与展望[J].教育学报,2015,11(6):49-59.

[41] 孙祯祥.无障碍网络教育环境的构建[M].北京:科学出版社,2008.

[42] 泰勒.课程与教学的基本原理:英汉对照版[M].罗康,张阅,译.北京:中国轻工业出版社,2014.

[43] 田友谊.多元智能理论视野中的特殊教育[J].中国特殊教育,2004(1):14-18.

[44] 王尚书,陈长香,张卫红,等.互动体感游戏对脑卒中患者运动和平衡功能的康复效果[J].中国康复理论与实践,2013,19(7):658-661.

[45] 王庭照.聋人与听力正常人图形视知觉加工能力的比较实验研究:基于

拓扑性质知觉理论的探讨[D]. 上海：华东师范大学，2007.
[46] 韦小满. 特殊儿童心理评估[M]. 北京：华夏出版社，2006.
[47] 吴晨一，郑权. 体感游戏在自闭症儿童教育康复中困境与化解之道[J]. 中国教育信息化，2016，22(12)：15-18.
[48] 谢明. 孤独症儿童的教育康复[M]. 天津：天津教育出版社，2007.
[49] 徐云，朱旻芮. 体感游戏对智障儿童干预的效用分析[J]. 中国特殊教育，2016(9)：24-29.
[50] 颜青山. 从虚拟现实到扩展现实：学基础与伦理挑战[J]. 学术前沿，2016(12下)：38-52.
[51] 叶浩生. 身体与学习：具身认知及其对传统教育观的挑战[J]. 教育研究，2015，36(4)：104-114.
[52] 余宏亮. 数字时代的知识变革与课程更新[J]. 课程 教材 教法，2017，37(2)：16-23.
[53] 詹青龙，张静然. 移动学习的理论与实践探索[J]. 中国电化教育，2010(3)：1-7.
[54] 张春兴. 教育心理学[M]. 杭州：浙江教育出版社，1996.
[55] 张春兴. 教育心理学：三化取向的理论与实践[M]. 杭州：浙江教育出版社，1998.
[56] 张华. 课程与教学论[M]. 上海：上海教育出版社，2000.
[57] 张立昌. 基于核心知识导图的高效课堂创建[J]. 课程 教材 教法，2014，34(8)：26-31.
[58] 张立昌. 论高效课堂的技术性及其意蕴：从脑图辅助教学谈起[J]. 湖南师范大学教育科学学报，2014，13(3)：51-57.
[59] 张立昌，南纪稳. "走出个案"：含义、逻辑和策略[J]. 教育研究，2015，36(12)：99-104.
[60] 张文波，曹雷，熊君君. 虚拟现实技术的现实挑战[J]. 中国科学：信息科学，2016，46(12)：1779-1785.
[61] 赵微. 汉语阅读困难学生语音意识与视觉空间认知的实验研究[D]. 上海：华东师范大学，2004.

[62] 郑权,陈琳.教育技术学范畴下特殊教育资源建设研究[J].现代教育技术,2012,22(2):65-69.

[63] 郑权,陈琳."三语"网络影视资源的设计研究[J].中国听力语言康复科学杂志,2010(4):46-48.

[64] 郑权.特殊教育网络资源建设的现状、问题与发展策略[J].中国远程教育,2010(5):28-31,79.

[65] 郑权,张立昌,郑汉柏.基于虚拟情境的儿童观察学习循证研究[J].电化教育研究,2018,39(11):92-98.

[66] 郑权,张立昌,郑汉柏.特殊儿童个别化远程教育的设计研究[J].中国远程教育,2018(3):27-33,79-80.

[67] 钟启泉.教学方法:概念的诠释[J].教育研究,2017(1):95-105.

[68] 周洪宇.核心素养的中国表述:陶行知的"三力论"和"常能论"[J].华东师范大学学报(教育科学版),2017,35(1):1-10.

[69] 周忠,周颐,肖江剑.虚拟现实增强技术综述[J].中国科学:信息科学,2015,45(2):157-180.

[70] 朱小蔓.中国基础教育实践与研究的典范[J].人民教育,2011(20):55.

[71] ALTANIS G, BOLOUDAKIS M, RETALIS S, et al. Children with motor impairments play a kinect learning game: first findings from a pilot case in an authentic classroom environment [J]. Interaction Design and Architecture (s), 2013(19):91-104.

[72] BELTRAMONE D A, TULA S M, RIVAROLA M F, et al. Evaluation of natural technological interfaces for children with psychomotor disabilities [C]//VI Latin American Congress on Biomedical Engineering CLAIB 2014, Paraná, Argentina 29, 30 & 31 October 2014. Cham: Springer, 2015:960-963.

[73] DEUTSCH J E, BORBELY M, FILLER J, et al. Use of a low-cost, commercially available gaming console (Wii) for rehabilitation of an adolescent with cerebral palsy[J]. Physical Therapy, 2008, 88(10): 1196-1207.

[74] FINNERAN C M, ZHANG P. Flow in computer-mediated environments: promises and challenges [J]. Communications of the Association for Information Systems, 2005, 15(4): 82-101.

[75] IP H H, BYRNE J, LAU K S, et al. Interactive sensory program for affective learning (InSPAL): an innovative learning program combining interactive media and virtual reality for severely intellectually disabled students[M]//Hybrid Learning and Continuing Education. Berlin, Heidelberg: Springer Berlin Heidelberg, 2013: 199-207.

[76] LAW S, SCOTT S. Tips for practitioners: pet care: a vehicle for learning[J]. Focus on Autism and Other Developmental Disabilities, 1995, 10(2): 17-19.

[77] ZAGAL J P, MATEAS M. Time in video games: a survey and analysis [J]. Simulation & Gaming, 2010, 41(6): 844-868.

后　记

面对虚拟情境教学这个不为人所熟知的领域，客观认识并将其科学应用于特殊教育学校是十分重要的研究任务。“培智学校虚拟情境教学”研究与实践来源于两个方面：一是首届基础教育国家级教学成果奖特等奖——“情境教育实践探索与理论研究”对本研究的滋养，情境教育改变了长期以来儿童学习处于被动接受的状态，实现了“儿童主动学、乐学、提高教学质量，获得全面发展”的目标，其理论及实践成果得到学术界普遍认同，被称为“我国实施素质教育的一面旗帜”，如果将其理论成果应用于特殊教育学校必将产生重要影响。二是随着新一代信息技术的发展，数字化、网络化、智能化技术运用于虚拟情境创设，不断丰富着传统的情境创设方式，虚拟情境教学已然成为情境教学的一个时代拓展，其运用前景可期，对特殊教育学校的教学改革实践必将产生推动作用。

培智学校虚拟情境教学研究十余年来，产生了一定的理论与实践成果，两方面的行动策略与成果主要体现在：

教育理论层面贡献。构建“一体两翼”课程结构，通过特殊教育课程改革进展及趋势的论述，提出了有别于普通教育的“学科知识”取向课程结构，论证了构建“潜能开发”和“缺陷补偿”一体化虚拟情境课程的合理性，构建了培智学校虚拟情境课程开发的理论模型。在此研究的基础之上，经过团队集体攻坚克难，十年来，已成功申报全国教育科学规划课题两项，并以虚拟情境教学相关成果为主件，获得江苏省教育科研优秀成果特等奖、江苏省教学成果奖二等奖，在国家核心刊物发表多篇学术论文、开发虚拟情境教学校本课程一部。并以此为理论基础，在区域层面提出了“四能课程”与“四步教学”深化研究与实践的良好态势。

教育实践层面贡献。在实践探索过程中克服了以往研究重理论思辨轻扎根实践的弊端,完成了真正意义上的培智学校个别化教育康复中的信息化教学载体建设和教学实施的方式呈现。根据虚拟情境课程组织分类,在具体教学实施中,对“潜能开发”类虚拟情境教学与“缺陷补偿”类虚拟情境教学分别进行概念界定、特点探析及教育策略安排,以适切的教学方式对智障儿童进行教育与康复,并呈现出两类教学实施的典型案例,多位教师以虚拟情境教学为特色的课堂获评为示范课、优质课。

由于虚拟情境教学系统购置成本能契合大部分家长的经济能力,许多家长也居家购置虚拟情境教学设备,经由老师推送的教学设计及其配套软件,基本构成了一个家庭教育康复系统。特别是在新冠肺炎疫情期间,我们把虚拟情境课程与教学设计推送给学生家长,围绕“动作是儿童能力发展的基础”这一基本思想,实施智障儿童的虚拟情境教学与康复。为智障儿童提供了适切的信息化学习环境,支撑了以智障儿童为中心的学习模式,破解了因疫情造成的智障儿童教育康复中居所分散、教师巡回服务不便、课程与教学适性不强、评估欠精准等瓶颈,成为后疫情时代的一种新型教学方式,有力地促进了智障儿童学习行为、学习过程和学习效果的提升。

教育科研是认识教育规律的重要方式,是促进教育发展的有效途径,其魅力在于她的人文属性、自我完善、多元包容。本项目尽管取得了阶段性成果,但研究与实践还将持续开展,同时也衷心希望各位专家学者与特殊教育领域同行对本书提出宝贵的意见。